野蛮な大学論

酒井敏

光文社新書

序章
「大学とは何なのか」が問われた２０２０年

２０２０年の２つの出来事

日本の大学は今後どうあるべきなのか――。２０２０年は、この問題が大きく浮上した年でした。世間的には「コロナ禍が始まった年」と記憶される年なのでピンと来ない人もいるとは思いますが、まあ、聞いてください。

大学はどうあるべきかというテーマ自体は、社会にとって決して新しいものではありません。この世に大学が誕生したときから、多くの人が考えてきたことでしょう。しかし私を含めた現在の日本の大学関係者にとっては、およそ30年ほど前から、それが切実な問題となっていました。そのころから今日にいたるまでさまざまな形で進められてきた改革が、必ずしも大学の改善にはつながっていないからです。むしろ、改革が進めば進むほど、日本の大学はどんどん改悪されているとしか思えません。

ただしその問題意識は、大学外の人々と広く共有されてはいませんでした。大学進学率は徐々に高まっているので、大学に関わっている当事者は（学生の保護者も含めて）増えているはずですが、大学のあり方に対する関心はあまり高まりません。30年前から行われてきた大学改革の具体的な中身も、よくご存じでない方のほうが多いでしょう。「そもそも大学とは何か」という根本的な議論や理解も、なかなか深まらない。その結果、わが国の大学改革は長きにわたって迷走を続けているように見えます。

　しかし２０２０年に起きた２つの出来事が、社会の目を大学に向けさせるきっかけとなってくれました。１つは、感染症対策として始まった大学のオンライン授業。もう１つは、９月の菅《すが》義偉《よしひで》首相の就任早々に起きた日本学術会議をめぐる問題です。学生たちを含めた大学や学術界にとってはいずれも重大なピンチでしたが、大学の問題を世に問いかけ、考えを深めてもらえるという意味では、チャンスでもあったと私は考えています。

　では、そこから一体どんな問題が浮かび上がったのか。まずは、オンライン授業のことからお話ししましょう。

　２０２０年４月、政府の発出した１回目の緊急事態宣言下で新年度を迎えたとき、多くの大学と同様、私が所属する京都大学もいったん5月6日まで休講となりました。その後も教室での授業は再開できず、全面的にオンライン授業を実施することになりましたが、なにしろ過去に経験のない事態ですから、簡単にそんなことができるとは思えませんでした。大学には、ＩＴ方面の苦手な教員も少なからずいるからです。

　私自身は、インターネットが普及し始めた20年ほど前から、教員としてオンラインの活用を漠然と考えてはいました。単に知識を伝えるだけなら、技術的には十分に可能です。しかし勝手にそういうことを始めると、「誰もが同じようにできるわけではないのだから、インターネットなんか使うべきではない」などと足を引っ張る動きが出てこないともかぎりません。「自由の学風」が売り物の京大でも、まあ、学内にはいろいろあるのです。

　ですから、かなり早い段階で研究室のウェブページを作成したりはしていたものの、積極的なオンライン活用はしていませんでした（そこにはもう１つ別の理由もありましたが、それは後述します）。しかしコロナ禍に見舞われたあの状況下では、選択の余地などありません。それぞれの教員が、自分のやれる範囲でオンライン授業を実施するだけです。

　それまで誰も想定していなかったことですから、当初はかなりの混乱が見られました。統一したスタイルがなく、各教員のやり方があまりにもバラバラなので、学生たちも途惑ったことでしょう。困惑して「これではどうしていいかわかりません」と訴える声も聞かれました。しかしこちらとしても、大学に来られずに溺れかけている学生たちに向かって、必死で浮き輪を投げているような状態です。細かい配慮をする余裕はありません。

「とにかく、つかまれるところにつかまってほしい」

　そんなふうに祈るしかありませんでした。きっとオンラインでは成り立たない授業もたくさんあるだろうから、せめて自分の担当分は何とかしなければ……と思っていたのです。

ところが結果的には、意外にもほとんどの教員がオンライン授業をしっかりとやり遂げました。人間、必要に迫られれば何とかやれてしまうものです。ＩＴ方面に不案内な人でも何とか対応できるぐらい、通信環境や機材などの使い勝手がよくなっていたおかげもあるでしょうが、これはなかなかの驚きでした。文字どおりの「緊急事態」に多くの大学がすぐに対応できたのは、いわば、うれしい誤算だったのです。

文科省が求めた「単位の実質化」

とはいえ、それでメデタシメデタシというわけにはいきません。オンライン授業が定着してしばらくすると、次第に「学生たちが気の毒だ」という声が聞かれるようになりました。

それは、たしかにそのとおりです。とくに２０２０年度の新入生たちは、キャンパスライフをほとんど経験することなく1年を終えてしまいました。自室でオンライン授業に参加するだけの日々では、誰が見てもまともな大学生活とはいえません。

そのため大学は（懸命にオンライン授業をやってきたにもかかわらず）「なぜ対面授業をやらないのか」「授業料を返せ」などとブーイングを受ける立場になってしまいました。そういう世間の声に迎合するかのように、文部科学省（以下、文科省）も、対面授業が少ない大学名を公表するなどして、教室で授業をやるようプレッシャーをかけるようになったのです。

　しかし大学側だって、好きでオンライン授業をやっているわけではありません。不満を抱く学生たちの気持ちは痛いほどわかりますが、だからといって教室を「三密」状態にして、集団感染のリスクを高めるわけにもいかないでしょう。クラスターが発生すれば、「あの大学は何をやっているんだ」と叱られるに決まっています。ですから多くの大学教員が、対面授業を求める文科省の姿勢に反発や途惑いを感じました。

　そもそも、私たちがあれほど懸命に（というか、ほとんど無理やりのように）オンライン授業に取り組んだのは、大学改革を推し進める文科省の意向に何とか添おうと努めた結果です。というのも、文科省は、日本の教育のあり方を審議した１９９８年のいわゆる「21世紀答申」から、大学に「単位の実質化」を求めてきました。どういうことか説明しましょう。

　まず、文科省の定める大学設置基準の第二十一条には、「一単位の授業科目を四十五時間の学修を必要とする内容をもって構成する」という規定があります。大学の授業科目の多くは半期で2単位なので、１コマあたり90時間も学修しなければいけません。かなり高いハードルなので、形骸《けいがい》化するのも無理はないでしょう。

　しかし文科省はある時期から、この規定を厳密に守ることを大学に求めるようになりました。それが「単位の実質化」にほかなりません。

そのために、教員は何をしなければいけないか。具体的には、半期で2単位の授業を必ず15回やるように義務づけられました。1コマ90分の授業は「2時間」とカウントされるので、15回だと30時間になります。90時間にはまったく届きませんが、残りの60時間は学生たちの自習でまかなうという建前。それも相当に高いハードルなので、本気で単位を「実質化」する気があるのかどうか怪しいものです。しかし教員としては、とにかく半期で15回の授業をやりきらなければいけません。

１９８０年代までに卒業した世代には、大学は休講が多いものだと思い込んでいる人が多いでしょう。でも、それはとっくに昔話です。いまの大学は、30年前とは比べものにならないほど「真面目」な教育機関になりました。やむを得ない事情で休講にした場合も、必ず埋め合わせなければいけません。（たとえ大雪などの不可抗力による休講であっても）教員はどこかで補講の時間を作って、回数の帳尻《ちょうじり》を合わせています。

改革が行われる前の昔の大学であれば（仮にその時代にインターネットが普及していたとしても）今回のように必死でオンライン授業に取り組むことなどなかったでしょう。もともと休講はよくあるものでしたし、出席も取らず、レポートや試験さえ合格点なら単位を与える科目もたくさんありましたから、授業ができなくてもさほど問題はありません。

そういう１９８０年代までの大学のあり方が「日本の大学生は勉強をしなさすぎだ」などと問題視された結果、単位の実質化が求められるようになったわけです。その是非はともかくとして、今回、われわれ大学教員は文科省のご意向に添って半期15回の授業を完遂《かんすい》すべく、がんばってオンライン授業を実施しました。つまり「単位の実質化」のために最大限の努力をしたのです。

これによって、大学にとってきわめて本質的な問題が浮上しました。文科省が大学に求める授業は「オンラインで十分にやれる」ことがわかってしまったからです。ところが学生やその保護者をはじめとする世の中の人々は、それを本来あるべき大学の姿だとは認めませんでした。決められた回数の授業をきちんと実施し、文科省のいう「単位の実質化」を実現しても、大学としての役割を果たしたことにはならない。多くの人がそう感じました。大学が大学であるためには、それだけでは何かが足りなかったのです。

「板書」がすべてだった時代

そもそも、いま文科省が実質化を求めている単位制度の基本的な考え方は、日本に大学が誕生した明治時代に生まれたものでしょう。とくに、週1コマの講義が半期で「2単位」とカウントされる背景には、その時代ならではの事情がありました。

というのも、昔は本が高価な貴重品でしたから、誰もが簡単に学問的な情報にアクセスできるわけではありませんでした。そのため、大学の授業で先生が板書する情報には、きわめて大きな価値がありました。そこから貴重な知識をしっかり仕入れなければ、大学に入った意味がない。ですから学生は、1文字たりとも書き漏らさないぐらいの覚悟で板書をノートに書き写したはずです。

そのため授業中は、とにかくノートを取る作業だけで精一杯。先生の教える内容を理解する余裕などありません。教室での授業は、先生からの情報をひたすら「手動コピペ」する時間です。ノートに写した知識を身につけるためには、家に帰ってから授業と同じ時間をかけて自習しなければなりません。だから、週1コマなのに「2単位」とカウントするのです（ちなみに実験の授業は板書の「コピペ」が不要なので半期で1単位です）。

しかし、この前提がとっくの昔に崩れていることは、誰が見ても明らかでしょう。明治時代に先生が板書していたような情報は、いまや教科書にほとんど書いてあります。学生はみんなそれを持っているので、授業で必死にノートを取る必要はありません。それどころか、先生が教科書を読み聞かせて知識を伝授するだけの授業であれば、出席する必要さえないのです。

実際、学生時代の私は、ほとんど授業に出ませんでした。そういう授業は、自分で教科書を読んで勉強すれば事足ります。しかも当時の京大は（ほかの大学もそうかもしれませんが）いちいち出席を取らない授業も多く、すべて「自習」で済ませるという選択肢が半ば公然と認められていました。試験で合格点を取りさえすれば、単位はもらえます。

だから私は、真面目に出席している友達に「今日はどこまで進んだ？」と聞き、授業でやったところを自分で勉強していました。それでも何とか試験には対応できます。

試験が終わってから、「そうか、教科書のあの部分はこういうことだったのか」などとわかって、あらためてそこを勉強することもありました。このように書くと、「だったら授業に出たほうが良い点を取れるじゃないか」と思う人もいるかもしれませんね。

でも、そもそも大学は高校と違って、試験で良い点数を取っても大した意味はありません（少なくとも当時の私はそう思っていました）。最低限の合格点さえ取ればＯＫです。いわば車検みたいなもので、それをクリアすれば、好きなところにドライブに行っていい。つまり試験で最低限の合格点を取れば、あとは自分のやりたい勉強や研究をやっていいだろう、という感覚でした。もし何か問題があれば、「ここのボルトが緩んでいるよ」とか「タイヤがすり減っているぞ」などと教えてくれる。それが大学の試験だと思っていたのです。

学生が求めた「コミュニティ」としての大学

ともかく、「先生の板書がすべて」という明治時代の前提は、私が学生だった40年前でさえ、とっくに失われていました。インターネットの普及で情報環境が激変した現在では、なおさらそうでしょう。いまや、ネットで検索すればたいがいの知識は手に入ります。もちろんデマやフェイクや間違いを見分けなければいけませんが、正しい知識も確実にそこにある。そういう時代に、単に先生の持っている知識を伝えるだけの授業が大きな価値を持つとは思えないのです。

そう考えたからこそ、20年ほど前にインターネットが普及し始めたとき、私はオンラインの活用を積極的にはやりませんでした。ネットは便利なので使い途はいくらでもありますが、それに頼ると大学の存在意義が見失われてしまうような気がしたのです。

私は学生時代、単に知識を伝えるだけの授業には出席しませんでしたが、大学そのものに行く意義を認めなかったわけではありません。そこでは、教科書的な知識だけにとどまらない「何か」を得ることができる――そう思ったからこそ、大学には行きました（そのまま40年も同じ大学に居続けています）。

コロナ禍のせいでオンライン授業ばかりになった大学に不満を抱いた学生たちも、その「何か」を求めていたに違いありません。不満を抱く学生たちのために、文科省は授業をオンラインではなく対面で行うよう大学に求めましたが、これは見当違い。学生たちは、大学が「知識を教える授業」だけを提供することに不満を抱いたのだと思います。だとすれば、授業がオンラインだろうが対面だろうが、関係ありません。実際、オンラインでも教室でも受講できるハイブリッド型の授業を実施したケースでも、オンラインを選ぶ学生が多かったという話も聞きました。

では、学生たちは何を求めたのか。ひとことでいうなら、それは大学という「コミュニティ」なのだろうと思います。授業はオンラインでもかまわないけれど、大学には行きたい。それは、大学が単に知識を入手する場ではなく、人との交流の場だからでしょう。

大学での「交流」と聞くと、友達とのお喋《しゃべ》りや飲み会、サークル活動などのキャンパスライフを思い浮かべる人が多いと思います。もちろん、それらは大学生にとって大事なものですが、勉強や学問とは直結しません。いわば副次的な価値であり、大学にとって本質的なものだとは思われにくい面があるのはたしかです。

しかし、コミュニティとしての大学から得られるのは、そういう副次的なキャンパスライフだけではありません。主眼である教育や研究を行ううえでも、教員と学生が大学というコミュニティで同じ空気を吸いながら交流することには大きな意味があります。大学での教育や研究は、教科書的な知識のやり取りだけでは成り立たないからです。

たとえば、資格試験の合格を目的とする専門学校のようなものなら、オンライン授業で必要な知識を伝えるだけでも最低限の役割は果たせるかもしれません。ところが、大学は研究機関でもあるので、教育の目的もそういう学校とは違います。学術的な研究とは、これまで世の中になかった新しい価値を生み出そうとするもの。いい換えると、まだ誰も知らない新しい知識を生み出すのが、研究のそもそもの目的なのです。

したがって、学生たちが自ら解くべき問題の答えは、教員も知りません（知っていたら、それは新しい知識ではありません）。そこで教員がなすべき教育とは、学生が自ら新しい問いを立て、その答えを出せるようにすることです。もちろん、教科書に書かれた既存の知識も必要ですが、それに加えて、未知の問題に取り組むときの考え方や物の見方などを身につけてもらわなければなりません。

資格取得のための勉強は、いわばあらかじめ敷かれたレールの上を走るようなものだといえるでしょう。それに対して、大学に求められているのは、学生たちが自ら新しいレールを敷けるようになるための教育です。そのような教育に、オンライン授業だけで教えられるようなマニュアルはありません。研究に必要なノウハウは言語化が難しく、いわば直観や本能に訴える類のものなので、学生と教員がいっしょになって「ああでもない、こうでもない」と試行錯誤することを通じてじわじわと伝わります。

それが具体的にどういうものかは、のちほどじっくりお話ししますが、そういう教育と研究の場になることこそが、コミュニティとしての大学の存在意義なのではないでしょうか。そういう大学本来の価値を享受《きょうじゅ》できないから、コロナ禍によってオンライン授業しか受けられない学生たちは、じつに気の毒なのです。

学術団体の「権威」が揺らいでいる

ともかく、単位の実質化というお題目を掲げ、既存の知識を一方的に伝えるだけの授業を重視する文科省の方針は、大学本来の役割を意識したものとは思えません。その方針の根底にあるのは、いわば知識や情報という大河の「上流」に大学を位置づけ、そこに権威や存在意義を見出そうとする姿勢でしょう。平たくいえば、「下々の者が知らぬ情報がたっぷり蓄積されているから大学には存在価値がある」という発想です。

しかし前述のとおり、それが通用したのは、ひと握りの学者だけが情報を寡占《かせん》していた時代だけ。膨大な情報が社会の隅々まで行き渡るようになった現代社会では、周回遅れの考え方だといわざるを得ません。そこにしか価値を見出せないのでは、大学は無用の長物《ちょうぶつ》となってしまうでしょう。

じつは、２０２０年に起きたもう１つの出来事――菅首相による日本学術会議会員の任命拒否問題――も、その根っこには同じ問題があると私は思っています。

２０２０年10月、就任から間もない菅首相が、日本学術会議の推薦する会員候補のうち６名の任命を拒否した一件は、学術界のみならず、広く社会からの反発を招きました。理由も示さず、まったく恣意《しい》的に任命を拒んだのですから、きわめて強権的な姿勢であることはいうまでもありません。そもそも首相に拒否権があるのかどうかも微妙であり、学問の自由を脅《おびや》かすものでもあることから、違法性や違憲性の疑いも指摘されています。

任命拒否問題自体はいまだ決着していませんが、その一方で、この一件はより大きな問題、すなわち日本学術会議の存在意義に関する議論も呼び起こしました。世の中には、日本学術会議に対する菅首相の強硬な姿勢に拍手を送る人々も少なからずいます。その多くは、任命拒否の是非を問う以前に、そもそも学術会議のような団体の存在に疑問を抱いているのでしょう。もっと直截《ちょくさい》にいってしまえば、そこにはアカデミズムそのものに対する反感や不信に近い感情があるようにさえ思えます。

それこそ新型コロナウイルス対策もそうであるように、政府の政策決定には、多くの場合、専門家や有識者の意見が欠かせません。さまざまな審議会や諮問《しもん》会議などがその役割を果たしていますが、日本学術会議も「政府に対する政策提言」を自らの役割の1つとして掲げています。

専門家による助言や提言が必要とされるのは、政策を正しい方向に導くためだけではありません。広く国民がその政策を正しいと信じられるだけの「お墨付き」を与えるという役割もそこにはあります。たとえば新型コロナウイルス対策で、感染症の専門知識のない政治家が根拠も示さずに「とにかく外出を控えてくれ」と訴えても、国民は納得しないでしょう。緊急事態宣言を発出するにしろ解除するにしろ、国民がそれを受け入れるためには、専門家による科学的な裏付けが必要になります。

ただし、この権威としての地位も常に安泰ではありません。社会全体の教育水準が低く、国民が知識や情報を十分に有していない時代には、学者や学術団体の「お墨付き」に誰も疑問を抱かなかったでしょう。

しかし現代のような情報化社会になると、事情は変わってきます。一般人もさまざまな情報源から科学的な知識を得ることができますし、同じ分野の専門家の意見が決して一枚岩ではないことも見えてくる。政策にお墨付きを与えている学者たちに対して、批判的な立場をとる学者もいることなどがわかってくるのです。

そうなると、アカデミズムの権威も盤石《ばんじゃく》ではいられません。たとえば２０１１年の東日本大震災に伴う福島の原発事故は、その権威が大きく揺らいだ例でした。政府の原発推進政策に「絶対に安全だから大丈夫」とお墨付きを与えていたのは、原子力の専門家である科学者たちでした。それが裏切られたのですから、多くの人がアカデミズムに不信感を抱いたのも無理はないでしょう。事故後も、放射能汚染が人体に与える影響に関して、専門家のあいだで意見が対立しました。一般の人々は、誰を信じればよいのかわかりません。そんなことでは、政策の正しさを裏付ける権威にはなり得ないのです。

新型コロナウイルスについても、原発事故のときと同じことがくり返されているように見えます。「自称」も含めた専門家たちが、マスメディアやＳＮＳなどで口々にさまざまな対策を主張する百家争鳴《ひゃっかそうめい》状態に、「何が正解なのかさっぱりわからない」とウンザリしている人は多いでしょう。それによってますます専門家の権威が揺らいでいる最中に起きたのが、日本学術会議に対する任命拒否問題でした。ご意見番としての信頼を得られていないから、「税金の無駄遣い」などといわれ、不要論も出てきたわけです。

アカデミズムは自らの「野蛮さ」を認めよ

私自身は、日本学術会議のような団体が不要だと思っているわけではありませんし、本書でそれについて論じたいわけでもありません。問題にしたいのは、あくまでも大学を中心としたアカデミズムのあり方です。

学術会議の一件でも明らかになったように、ただ知識や情報を握る権威として振る舞っているだけでは、大学や研究者の活動が広く世の中の理解や信頼を得ることはできません。社会からの支えを失えば、日本の学術全体の停滞や地盤沈下が進むばかりでしょう。それによって価値ある研究成果が生まれず、イノベーションも起こらなくなれば、私たち研究者だけでなく、日本の社会にとっても大きな損失です。

そもそも、かつての大学や研究者が「知識の上流」としての権威を持っていられたのは、そこに情報が集中していたことだけが理由ではありません。大学という場所で研究者や学生が何をしているのかが、世間の人々からは見えなかったこともその一因でしょう。

社会全体の教育水準が低かった時代は、大学に進む人もほんのひと握りでした。そのため、ほとんどの人は大学の中の様子がわかりません。アカデミズムの外にいる人たちに見えるのは、研究の成果としてアウトプットされるイノベーションやノーベル賞級の新しい発見などです。とくに、日本に大学が誕生してからの100年間は、自然科学や工学を中心に、大学から「役に立つ成果」が次々と出てきました。成功した立派な業績だけ見ているのですから、尊敬の念を抱くのも当然でしょう。だから、政府のご意見番としての権威も揺らぐことがなかったのです。

しかし大学進学率が高まるにつれて、状況が変わってきました。日本の大学進学率は、1950年代は10％程度、1960年代は20％程度でしたが、1980年代後半から1990年代にかけて40％程度にまで上がります（現在は60％弱）。学生の保護者を含めて多くの人々が大学に大きな関心を寄せ、その内情を知る立場になったわけです。

そこに、バブル崩壊後の経済の停滞も重なりました。それまで産業界では人材育成も研究開発も個々の企業が多くを担っていましたが、経営状況が悪化するとその余裕がありません。

そのため、すぐにビジネスに直結するような技術開発や即戦力として使える人材の供給を大学に求めるようになりました。すると当然、産業界も「大学で何が行われているか」に注目するようになります。

そうやって社会の目が大学に注がれるようになった結果、大学がそれまで放置されていたことが問題視されるようになりました。出席しなくても単位が与えられる授業のあり方も、その1つ。バブル期には、勉強せずに遊んでばかりいる大学生を揶揄《やゆ》して「大学のレジャーランド化」などといわれたこともあり、「大学教育は役に立っているのか?」という疑念が生じました。

また、もっとも強い批判にさらされたのは教養部の存在です。即戦力の人材を求める産業界にしてみれば、大学には専門分野の教育を期待したい。理系も文系もいっしょに4年間のうち2年間も一般教育を受ける教養部は、やはり「役に立っていないのではないか」と見なされるようになりました。その結果、教養学部の名称で存続させた東京大学と、東京医科歯科大学をのぞくすべての国立大学が教養部を廃止。これが、現在まで30年にわたって続いてきた大学改革のスタート地点だったといえるでしょう。

改革の根っこに「大学が社会の役に立っていない」という認識があるのですから、それまでの権威性を保てるわけがありません。上流から下流に向かって「われわれの知っていることを教えてあげましょう」という姿勢はもう通用しないのです。

では、どうすればよいのか。私はまず、アカデミズムの世界に生きる人々が、自分たちの仕事に無駄や失敗が山ほどあることを認めることから始めるべきだと思っています。学術的な研究は、誰も知らない新しい知識を模索するもの。つまり前例や従来の常識が通用しないところに踏み込んでいくのですから、効率よく一発で成果を得られるはずがありません。あちこち遠回りして、何度も失敗をくり返すのが常です。失敗したまま終わる研究だって山ほどあるでしょう。むしろ、成功するのはほんのひと握りかもしれません。でも、そういう泥臭い試行錯誤や失敗の山がなければ、大きな成功もあり得ないのです。

いままで多くの研究者たちは、その成功例だけを世間に見せてきました。そうしないと権威が保てず、社会からの支援も受けられなくなると思っていたのでしょう。でも、その権威はもはや失われました。だとすれば、隠し事をせずに、自分たちの仕事の意味や価値をストレートに社会に伝え、それを理解してもらうしかありません。たしかに大学には、無駄で非効率で何の役に立つのかわからない教育や研究があるけれど、じつはそこにこそ大きな値打ちがある。それを社会に向けてしっかり説明して、人々の理解や支持を得ることが、これからの大学のあり方を模索するための大前提だと私は思っています。

大学の教育や研究は、計画どおり一直線にスパッと答えが出るような洗練されたものではありません。目的地までの地図を見ながら高速道路をスイスイと走るわけでもなく、地図も道路もない未知の土地を手探りで這《は》っていくようなものです。洗練どころか、むしろ「野蛮」な営みだといえるでしょう。

長い前置きになりました。私は本書を通じて、大学が持つべき野蛮さの意義や面白さをお伝えしたいと思っています。大学が本来あるべき姿を取り戻し、社会の中で存在意義を認められるためには、もう、上っ面の権威を捨てなければいけません。失敗ばかりで無駄も多いけれど、だからこそ大学は世の中に必要だ！　そう思ってもらうためには、大学の「魅力あふれる野蛮さ」をアピールすべきなのです。

野蛮な大学論／目次

第2章

教員として教えた野蛮な作法　59

第3章

研究者は荒野を目指す

第4章

構成　岡田仁志
目次・章扉デザイン　椚田祥仁

第1章
私が経験した大学の野蛮さ

急上昇した大学生の出席率

1970年代の半ばに入学して以来、私は40年以上にわたって京都大学で過ごしてきました。大学改革が始まったのは30年ほど前のことですから、その間の変化を丸ごと京大で定点観測してきたことになります。

教員としては、修士課程の1年目で助手になってからずっと教養部の一員でしたから、その廃止はまさに当事者として経験しました。いま所属している人間・環境学研究科や総合人間学部は、教養部の廃止を受けて創設されたものです。

それ以降も国立大学の独立行政法人化、入試制度改革などの大きな変化が続く中で、教えている学生たちの気質もずいぶん変わってきました。ひとことでいえば、いまの学生は良くも悪くも昔よりはるかに真面目。そこがいちばんの違いかもしれません。とくにこの10年ぐらいの間に起きた変化で際立つのは、授業の出席率が急上昇したことです。

私の担当する講義には、登録者数が毎年1000人前後のものがありました。毎週そんなに大勢の学生を相手にするのは大変ですが、そもそも1000人も収容できる教室はないので、全員が出席することなど想定していません。実際、かつては出席率が1割程度だったので、まったく問題はありませんでした。年に一度の試験のときだけは「参加することに意義がある」と五輪精神を発揮する学生が多いので大変でしたが、まあ、そのときだけはたくさん入る教室を用意して何とかこなしていたわけです。

ところが、いまは出席率が7～8割まで上がりました。しかも大学からは（これも「単位の実質化」に伴うものでしょうが）「前期と後期に分けて試験を2回やれ」といわれるようになったので、なかなか大変です。コロナ禍でオンライン授業になった２０２０年度は、さらに9割近くまで出席率が上がりました。

もちろん、ふつうに考えれば、授業の出席率が高いのは悪いことではないでしょう。学生なのだから、授業に出席するのは当たり前。それが常識というものかもしれません。

でも、これ、手放しで歓迎してよいのでしょうか？　そういいたくなるのは、出席率向上の背景に、大学という場所に対する学生たちの考え方や関係性の変化があるように思えるからです。もっと端的にいってしまえば、こんなに出席率が高いのは、なんだか大学らしくない。「学生が授業に出て何が悪いのだ」と叱られそうですが、私にはどうもそう思えてならないのです。

高校の延長と化した大学

単に授業の出席率が上がっただけなら、私もそんなに違和感は抱かないでしょう。でも、変わったのは出席率だけではありません。いまの学生たちは、「この授業にはどうしても出たい」と思って出席しているのではなく、「授業をサボるのは悪いことだ」という義務感から出席しているように見えます。

そのせいか、他人が授業をサボることに対する態度も「真面目」になりました。たとえば、いまの大学には「ピ逃げ」と呼ばれる授業サボり術があります。教室の外にあるカードリーダーで出席を取る授業で、始業前に学生証を「ピッ」とかざし、教室には入らずそのまま逃げる。昔も、教員が口頭で出席を取るときに、サボった友人の代わりに返事をする「代返《だいへん》」というシステム（?）がありましたが、もちろん、どちらも褒められたことではありません。

ただ、「代返」は他人のサボりを許容するからこそ成立するものでした。代返を頼まれた学生は「困ったときはお互いさま」という気持ちだったでしょう。もちろん、そういう不正に加担しない学生もいたわけですが、だからといって、他人の代返を見咎《みとが》めて文句をつけることはなかったように思います。

また、これは代返とは別の話ですが、前にお話ししたとおり、私はサボった授業の進み具合を、真面目に出席している友人に聞いていました。ズルいといえばズルいので、「それを知りたいなら、おまえも授業に出ろよ」といわれたら返す言葉がありませんが、そういう経験はありません。誰も「授業をサボるのは悪いこと」とは思っていなかったのでしょう。出席するのもサボるのも、それぞれ自由にすればよい。そんな感覚が、当たり前のこととして共有されていたのです。

ところが、いまは授業をサボることに強い罪悪感を抱いているせいか、他人の「ピ逃げ」を見逃すことができない学生がいます。「あいつ逃げたけど、出席扱いにするんですか？」などと教員にクレームをつけてくるのです。自分はちゃんと出席しているのに、逃げた学生も同じように出席扱いになるのは不公平だと感じるということでしょうか。

こちらとしては、出席数だけを成績の評価基準にするつもりはありませんし、なにしろ私の授業には教科書がありません。自習が困難なので、授業に出ずに試験を受けても、よい結果が得られるとは思えません。ですから、「ピ逃げ」ばかりしている学生はきっと単位を落とすでしょう。

だからクレームをつけてきた学生には、「サボるやつはどうせロクなことにならないし、あなたには関係ないことだから放っておけば？」などと諭《さと》します。でも真面目な学生は、それでも納得がいかない様子。釈然《しゃくぜん》としない表情を浮かべて、不満を隠しません。おそらく、そもそも出席数が評価されないこと自体が納得いかないのでしょう。不公平感の根っこには、その思いがあるのだと思います。

でも、真面目に努力さえしていればそこそこ評価されるのは、小学校から高校までの話。大学は、そういう教育機関ではありません。「単位の実質化」を求める文科省でさえ、出席点を評価対象にするのは認めていないのです。出席数をいわゆる「足切り」のために使うことは許されていますが（つまりサボりの多い学生は試験を受けられず、したがって単位をもらえない）、「皆勤《かいきん》賞」だからといって良い成績がつくことはありません。成績を決めるのは、あくまでも試験の出来不出来です。

そういう評価方法が受け入れられない「真面目」な学生は、大学を高校の延長のような場所だと思っているのかもしれません。実際、いまの大学には「高校みたいな雰囲気がある」という声はしばしば聞きます。だとすれば、近年の大学改革が、ある種の「大学らしさ」を奪ったのかもしれません。

暗記が苦手だった高校時代

少なくとも私の場合、自分が大学に入ったときには「ここはもう高校までの学校とは違う」と強く意識していましたし、実際そうでした。単純に「昔はよかった」とだけいうつもりはありませんが、いまの大学と対比するために、ここからはしばらく私の学生時代の話をしてみましょう。個人的な体験談ではありますが、私のいう「野蛮な大学」のイメージをそこから垣間見ていただけたら幸いです。

まずは高校時代のことを振り返ってみると、私は先生にアレコレいわれて決められた型どおりにやらされる勉強が嫌いでした。とくに嫌いだったのは暗記。「覚えろ」といわれると頭が拒絶反応を起こしてしまうタイプです。

嫌いだから苦手なのか、苦手だから嫌いなのかわかりませんが、とにかく暗記ができないので、とくに社会科の成績はひどいものでした。なにしろ高校3年の1学期に受けた予備校の模試が、１００点満点中の17点。「これはマズい」と思って必死に勉強したものの、2学期も24点しか取れませんでした（歴史上の人物の名前や年号などの暗記はできないのに、こういう数字はいつまでもよく覚えているものです）。

中学では得意だった数学も、高校に入ったとたんに落ちこぼれました。授業についていけなくなったきっかけの1つは、二次方程式の根《こん》の公式です。とにかく暗記が苦手なので、これがどうしても覚えられない。いや、覚えたくない。「こんな面倒くさい公式を覚えなくても答えを出せるのが数学じゃないのか？」という反発心もありました。理屈抜きで「とにかく覚えろ」というのが気に入らなかったのです。

だから私は、自分で二次方程式の根を求める式を導き出そうとしました。公式など覚えなくても、方程式を解く筋道を自分で理解すれば、答えは出せるはずです（数学とはそういうものであるべきだという思いもありました）。面白いもので、そうやって自分でアレコレ考えてやっていると、公式に出てくるaやbやcの意味がわかってきます。その結果、丸暗記とはまったく違う形で、公式が頭の中に定着する。「覚えた」というより「身についた」という感じでしょうか。

英語の勉強も、それと似ていました。当然ながら、英単語の暗記なんて一切しません。だから試験の成績も上がらないのですが、単語だけ断片的に暗記して英語が理解できるようになるとは、どうしても思えない。そこであるとき、親に頼んで英字新聞を購読し始め、日本語の新聞は読まないと決めました。英字新聞を理解しないと世の中で何が起きているかわからないので、必死に読みます。数式にしろ英語にしろ、私の頭は書かれた文字を単なる「記号」として受け入れることができないのでしょう。それが表現しているものを筋道立てて理解しないと、頭に入らないのです。

東大と京大の入試問題の違い

中学までは、先生のいうことを聞かずに、自分のスタイルで好き勝手に勉強していれば、それなりに良い成績が取れました。それで高校も進学校に入ることができたわけです。でも、とにかく暗記をはじめとする型どおりの勉強から逃げていると、高校ではなかなかついていけません。最初の実力テストでは、３００人弱の学年で２００番台の成績。これにはさすがにショックを受け、中学時代から続けていたブラスバンドをやめてまで勉強に時間を割きました。

その結果、高校2年の実力テストでは一気に学年10位ぐらいまでジャンプアップ。その高校は、学年50位まで名前が廊下に張り出されます。１年のときはそれを見て「こいつらはどんな頭をしているんだろう」と感心しきりでしたが、いざそこに自分が入ってみると、いったい何が起きているのかよくわかりません。

その順位に比例して自分自身が賢くなったと思えるなら素直に喜べるのでしょうが、まったくそんな実感はありませんでした。大好きなブラスバンドをやめて、嫌いな受験勉強に取り組んだ結果、学校という世間の評価が変わっただけのことです。

努力が報われたといえば、たしかにそうなのでしょう。でも、その努力にも結果にも、どれだけの価値があるのか、さっぱりわかりませんでした。むしろ、ちょっとバカバカしくなってしまった、というのが正直なところです。敷かれたレールの上を真面目に走って、約束されたとおりの結果が得られても、とくに面白くはありません。

何より不満だったのは、型どおりの勉強をやらされることに反発しながらも、結局はそうやって成績を気にして「真面目」に勉強をしてしまう自分自身でした。大学受験で京都大学を志望校に選んだのは、そういう自分の殻を破りたかったからかもしれません。京大といえば、昔から「自由の学風」で知られている大学。型破りな先生や学生がたくさんいるイメージがありました。高校までの勉強にウンザリしていたこともあって、大学ではできるだけ自由にやりたいという気持ちが強かったのです。

ちなみに高校の先生には、「おまえは東大のほうが有利だ」といわれていました。当時はまだ共通一次試験（共通テストの前身であるセンター試験のさらに前身）もない時代。東大は一次試験が5教科で、二次試験は数学・英語・理科の3教科でした。なにしろ私は社会の成績が壊滅的だったので、「二次試験の勝負に持ち込めば有利」だと思ったのでしょう。

でも私自身は、東大入試の数学の過去問を見て、まったく受かる気がしませんでした。問題そのものはそれほど難しくないのですが、問題数が多くて、正確さとスピードが求められる試験だったからです。要するに、ミスが許されない。これは自分には向いていないと思いました。

それに対して京大入試の数学は、問題数は少ないものの、そう簡単には正解にたどりつけない難問奇問が出題されます。だから東大入試とは違って、一発ひらめいて当てればオーケーという勝負。そちらのほうが、自分にとっては勝てる可能性が高いと思いました。また、そういう入試問題を出してくる京大への憧れもあったのでしょう。入試問題は、大学から受験生へのメッセージのようなもの。東大も京大も、それぞれの設問スタイルを通じて、「うちはこういう試験にチャレンジしたい学生をお待ちしていますよ」といっているのです。自分の殻を破りたいと思っていた高校時代の私には、京大の入試問題に込められたメッセージのほうがはるかに魅力的に感じられました。

理学部か工学部か

しかし最後まで迷ったのは、受験する学部です。技術屋の父がやっていた工場で、工具をオモチャにして育った私は、ソニーやホンダのような会社に入ってモノ作りをする仕事に就《つ》くのが小学生時代の夢でした。それを実現したいなら、工学部を選ぶのがふつうです。

ところが最終的に、私は理学部を選びました。そう決めたのは、そのころ社会的な課題として浮上していた公害問題について考えたことがきっかけです。

水俣病《みなまたびょう》、四日市《よっかいち》ぜんそく、イタイイタイ病など、当時はさまざまな公害問題がありました。静岡で暮らす私にとっていちばん身近だったのは、田子《たご》の浦《うら》のヘドロ公害。悪臭や大気汚染による健康被害などが大問題になっていたので、地元の高校生にとっても重大な関心事でした。それこそ現在のコロナ禍に匹敵するぐらいの危機感があったので、同級生の友人とも「どうすれば解決できるか」を真剣に話し合ったものです。

公害は工場から排出される廃水やガスなどの汚染物質が原因ですから、有効な解決策を打ち出せそうな学問分野は、ふつうに考えれば工学でしょう。工学によってそれらの産業が発達したことを思えば、公害の解消も工学の責任といえるかもしれません。同級生の友人も「公害をなくすのは工学部の役目だ」といって、大学受験ではそちらを選びました。じつに真っ直ぐでわかりやすい考え方だと思います。でも私は、あれこれ考えているうちに、ちょっと遠回りな問題意識を抱きました。

まず、公害を発生させてしまった企業も、最初から「健康被害が出てもかまうものか」と思っていたわけではありません。世の中の役に立つ製品を効率よく生産する（つまり利益を出しながら安くて良いものを作る）ためには「この方法がベストだ」と思っていたはずです。ところが、思わぬところで問題が生じてしまった。想定しなかった事態を招いてしまったのは、要は知識が足りなかったからでしょう。だとすれば、とりあえず工学的な手段で目の前の公害を止めることができたとしても、根本的な解決になるような気がしません。またどこかで同じことが起こる可能性があります。

では、どういう知識が足りなかったのか。いろいろと突き詰めて考えているうちに、高校生の私はこんな結論に到達しました。

「地球のことをわかってないから、思わぬ問題が起こるんだ！」

かなり話が飛躍しています。ポカンとする人のほうが多いでしょうが、じつは、そこにはある本の影響がありました。『新しい地球観』（上田誠也著、岩波新書）という本です。もう50年も前に出版されたものですが、プレートテクニクスや大陸移動説の解説書として、いまだに名著の誉《ほま》れ高い一冊。最初のほうには「ここ数年来、どの学問分野でも、まれにしか起こらないような革命的な進歩が起きている」と書かれていました。高校生にも科学の面白さを十分に伝えてくれる本です。

それを読んで、地球上の大陸が長い時間をかけて移動したことを知った私は、腰を抜かすほどビックリしました。「動かざること山の如《ごと》し」という言葉もあるのに、その山が載っている大陸が動くなんて、にわかには信じられません。この世界にはまだまだ人間が知らないことがたくさんあるんだな、と思いました。それと同時に、こんな驚きの事実を解明する科学の力にも大いに感動したわけです。

わかっていないことがあるなら、良かれと思ってやったことが思いがけず悪い結果を生んでしまうこともあるでしょう。そもそも人間には、あらゆる現象の因果関係が見えるわけではありません。

たとえば私が高校生のころには、オイルショックという危機がありました。中東戦争の影響で原油価格が急騰《きゅうとう》して世界経済が大混乱に陥ったのですが、わからなかったのは、それによってトイレットペーパーの買い占め騒動が起きたこと。原油価格が上がるとなぜトイレットペーパーが品切れになるのか、まったく理解できませんでした。

ならば公害にも、まだ見えていない原因があるかもしれない。そして公害は、最終的には地球という大きな環境を変化させてしまう現象です。それを根本的に食い止めるには、地球のことをもっと深く知る必要があると思いました。それで、地球科学を研究できる理学部を選んだのです。

社会の外に放り出されたような不安

さて、何とか入試をくぐり抜けて京大生になったのですが、当初は想像と現実のギャップに直面して、かなり途惑いました。入学前に期待していたほど大学は自由なところではなかった……というわけではありません。まったく逆です。「先生からあれこれいわれる勉強から解放されたい」「真面目な自分の殻を破りたい」と思っていた高校生が想像していた以上に、京大は自由すぎる場所でした。

じつは、入試の前に大学のキャンパスを見学したときから、漠然とした不安を感じていなかったわけではありません。京都は歴史ある観光地ですから、華やかさや風情《ふぜい》にあふれる美しい町というイメージが誰にでもあるでしょう。私もボンヤリとそう思っていたのですが、京大の構内は、そのイメージからはまったくかけ離れていました。殺風景で、世間から放置された荒野や廃墟みたいな雰囲気さえあります。

不安を抱きながら迎えた入学直後の理学部の説明会では、こんなことも聞かされました。

「この学部では、だいたい3分の1の確率で、学生が行方不明になります」

いったいどういうことなんだ……意味がわからず、ただただ不安が募《つの》ります。ただ、それこそが京大が学生に与える「自由」と表裏《ひょうり》一体のものなのだろう、ということは何となくわかりました。誰も決まったレールは用意しないから、道を踏み外してあらぬところに迷い込むこともある。それも含めて自由なのだ、ということでしょう。

高校を卒業するまで、「やらされる勉強」に多少の反発はしながらも、所定のレールの上を歩くことしか知らなかった私にとって、武者震いするほどスリリングでした。もう誰も自分を守ってくれないのだと思うと、安全に暮らせるよう管理された社会の外に放り出されて、道路も標識も何もない野原に置き去りにされたような心細さを感じました。

しかも、授業に出てみると、先生たちが何をいっているのかよくわかりません。京大っぽい独特の物言いで有名だった数学の森毅《もりつよし》先生のみならず、何人もの先生が口を揃えて「おまえら、アホなことせい」などというのですから、茫然《ぼうぜん》としてしまいます。入試問題などを通じて、京大は真面目で堅実な東大とは学生に求めるものが違うとは思っていましたし、そういう大学だからこそ、ノーベル賞をもらうような画期的な研究も生まれるのだろうと感じてはいました。でも、まさか大学で「アホ」を求められるとは思いません。

学生に「アホなことせい」という先生たち自身も、ふだん何をやっているのかよくわかりませんでした。質問などをすると一生懸命に教えてくれようとするので熱意は感じますし、悪い人でも怖い人でもないんだろうとも思います。でも、間違いなく日本語で喋ってくれているのに、こちらは何から何までまったく理解ができない。言葉の通じない外国で授業を受けているような心境になることもしばしばでした。

そうなると、もう、何をどうするかを自分で考えて生きていくしかありません。前に、教科書の内容を伝えるだけの授業に出ても意味がないからサボっていたといいましたが、先生が何をいっているかわからない授業も同じです。いずれにしろ、何とか単位をもらえるだけの勉強を自分でやって、あとは自分のやりたいことをやる。それが大学なのだと思い定めました。高校までの教育とは違うとわかってはいたつもりですし、それを期待してもいたのですが、実際に入った大学は、「違う」どころか高校までの学校とはまったくの別世界だったのです。

京大で出会った友人たち

ところで、京大という別世界を彩っていたのは、先生たちだけではありません。学生も、それまで出会ったことのないタイプの人間が大勢いました。やたら物知りで、こちらが聞いてもいないことを延々と喋り続けるやつもいれば、まったくの無口で山の中に籠《こ》もって暮らしているやつもいる。私と同じ理学部なのに部屋の本棚にカントやゲーテの本がずらりと並んでいるやつもいれば、私が見てもさっぱりわからない代数学の教科書を中学生のときに読んだというやつもいました。

とにかく友達のバリエーションが、高校時代とは比較にならないほど豊富。入学してしばらくの間は、次々と登場する異様なキャラを前にして「人間にはこんなにいろんな種類があるのか……」と目を白黒させていたものです。

ちなみに無口な山籠もり男は、納屋《なや》のような建物に住んでいました。大家とか家賃とかそういうものが存在するのかどうかもよくわかりません。畳の部屋があったかどうかも微妙です。遊びに行くと、土間にキャンプ用のバーナーを置いて自炊をしていました。一斗《いっと》缶《かん》にぎっしり詰まった謎の食糧を見たこともあります。聞けば、インスタントラーメンのクズとのこと。メーカーの工場で出る半端なクズラーメンが、安く買えるといいます。そんなものをどこで売っているのかもわかりませんが、蛇《じゃ》の道は蛇《へび》というところでしょうか。ともかく、それを醤油と鰹節で味つけしたスープで煮て食べる。炭水化物は、おもにそれで摂取していたようです。

高校のブラスバンド部をやめてから吹いていなかったトロンボーンを再開しようと入った軽音楽部でも、多種多様な人間と出会いました。ブラスバンドやオーケストラではなく、ビッグバンドジャズなどをやる軽音楽部を選んだのは、やはり殻を破りたかったからです。きっちり譜面どおりに演奏する音楽より、アドリブなどの自由があるジャズをやってみたくなったのです。

そこでまず驚いたのは、大学に入ってからトロンボーンを始めた初心者の同級生が、たった１ヵ月で自分と同じくらい吹けるようになってしまったこと。私は中学で３年間コツコツ練習して、それなりに技術を身につけたという自信がありましたが、あっという間に追いつかれました。

これはもう、悔しいとも思いません。「これをやりたい」と決めて集中したときの人間のパワーはすごいものだ、と感心しきりでした。もちろん地道な努力を積み重ねることも大切ですが、そういう凄まじい集中力やパッションの持ち主は、演奏の表現力もすばらしかったりします。一方の私は、基本的なテクニックはしっかりしているものの、先輩に「おまえは上手に吹いとるけど、歌うてないんや」などとダメ出しされてしょげ返ったりする日々でした。高校までにできあがった殻は、なかなか破れないものです。

表現力といえば、仲良くしていたすばらしく上手なピアニストが、あるとき「自分もお客さんのほうを向いて演奏したい」といい出しました。私のような管楽器プレーヤーと違って、ピアニストはステージで正面を向いて演奏することがありません。

そこで彼が持ってきたのは、小学生が音楽の授業で使う鍵盤ハーモニカです。ブーブーと安っぽい音で鳴る印象しかないので、「そんなオモチャみたいなのでライブやるの？」と首をひねりましたが、いざ吹かせてみたら、一流プレーヤーが弾くアコーディオンのようなきらびやかな音色が鳴り響くではありませんか。「弘法《こうぼう》筆を選ばず」といいますが、表現力のある人間は道具なんか何でもいいんだな、と、また感心しきりでした。

変わったところでは、誰も真似できないようなエキセントリックな弾き方をして、必ずといっていいほどピアノの弦を切ってしまうピアニスト。聴いていて心地よい演奏ではないのですが、そんなに力任せに鍵盤を叩くわけではありません。でも、ある特徴的なフレーズを弾くと、たいがい弦が切れる。弦の弱点でも知っているのかと不思議でなりませんでしたが、本人もわざとやっているわけではなく（当然ですが）、なぜそうなるのかわからなかったようです。

そんな有象無象《うぞうむぞう》の集まる軽音楽部でしたが、卒業するまでの4年間、私は結局アドリブソロができずじまいでした。そのために大学に入ったわけではないので、別に音楽で自分の殻を破らなくてもいいのでしょうが、ややほろ苦い思い出ではあります。

「満月会」の思い出

いまはＳＮＳなどを通じて大学内部の様子が世間からもよく見えるので、「京大には変わり者の学生が多い」というイメージを持っている人は多いでしょう。毎年、卒業式の日には、アホみたいな仮装をした学生たちの姿が必ずニュースになります。

しかし私が学生だった時代には、そこにどんな変人たちがいるのか、外からはあまり見えませんでした。そもそも世間は大学にそれほど関心を抱いていなかったので、そこで誰が何をしているのかを知ろうともしませんでした。ある種の「聖域」のように社会から隔絶された場所だったからこそ、私も入学したとき「社会の外に放り出された」と感じたわけです。前にもお話ししたように、外部から見えるのは、湯川秀樹《ゆかわひでき》さんや朝永振一郎《ともながしんいちろう》さんのノーベル賞をはじめとする成功例ばかり。東大とは違う「自由の学風」だからこその成果だという認識は広く定着していましたが、その「自由」がどんなものかはほとんど知られていなかったのではないでしょうか。

私が見るかぎり、当時の教員や学生たちの変人っぷりは、いまの比ではありません。最近の仮装卒業式などは笑い事で済みますが、昔の京大の様子が世間に知られていたら、「いくら何でも自由すぎるだろう」「大丈夫なのかこの大学は」と問題視されたのではないかと思います。

実際、近くにいてその実態を知っている京都の人々は、「京大は自由ですばらしい」とは思っていませんでした。京大生は地元で愛されていると思っている人も多いでしょうが、現実はそう単純なものではありません。もちろん、下宿先のアパートや大学周辺の飲食店にとってはお客さんですから大事にはされますが、理解しにくい変人とつきあうと面倒なことになるので、あまり近寄りたくはない。「賢い人たちですわなぁ」と敬意を払いながらも、距離をおく。触らぬ神に祟《たた》りなし、といったところでしょうか。地元の知り合いの子どもが京大に入ったと聞くと、「そら災難やなぁ」とでもいわんばかりに顔をしかめてみせるのが京都人です。

ですから地元で「愛されている」とは感じませんでしたが、なにしろ「触らぬ神に祟りなし」なので、街中で何か妙な行動をしても「まあ、しゃあない」と許されるところはありました。私も、こんな経験があります。

　あれは、理学部の仲間と「満月会」をやっていたときのこと。満月会とは、文字どおり満月の晩に集まって酒を飲む会のことです。どうしてそんなことを始めたのかよくわかりませんが、まあ、誰かが「今夜は満月だから飲むべきだ」と根拠のない提案をして、わけもわからず「そうだそうだ」という話になったのでしょう。最初は大学にほど近い吉田山《よしだやま》の向こう側にある真如堂《しんにょどう》（正式には真正極楽寺《しんしょうごくらくじ》）というお寺に集まって、月を眺めながらワイワイと飲んでいました。

　しかしさすがに深夜になると業《ごう》を煮やした住職がやってきて、「学生はん、そろそろよろしいやろ」とやんわり追い出しにかかります。仕方ないので、次から満月会は「満月の晩にひたすら歩く会」になりました。ずっと移動していれば追い出されることもない、というわけです。

　ある満月の晩、私たちは東大寺《とうだいじ》のお水取りを見に奈良まで歩きました。京都からは40キロぐらいありますから、まあ、若かったんだなと思います。しかしあまりに時間がかかったので、着いたときにはとっくにお水取りは終わっていました。「アホやなぁ」と笑いながら電車で京都に帰ってきました。別の満月の日には、亀岡方面に歩いていたとき、いったん私たちの横を通り過ぎたパトカーが方向転換して戻ってきます。深夜に歩いている怪しげな若者集団を見過ごせなかったのでしょう。

「君らどうしたんや？　終電に乗り遅れたんなら、乗せたろか？」

「いえいえ、ほら、今夜は満月でしょ？　だから月を見ながら歩いてるんです」

何が「だから」なのか、ふつうに聞いたら前段と後段のつながりがわかりません。本当のことを正直に答えているとはいえ、これではますます怪しい。しかしパトカーのお巡りさんは、しばらく黙って私たちの顔をじーっと見ると、こう尋ねました。

「……君ら、京大生？」

その短いやり取りだけでピンと来てしまうのですから、地元の人々に京大生がどう思われているかがよくわかるでしょう。こんな時間にこんなことをしながらこんなことをいうアホは京大生に違いない、というわけです。

で、私たちが「はい、そうです」と答えると、お巡りさんは「ああ、そうやろな」と呟いてパトカーの窓を閉め、さっさと走り去ってしまいました。行動はまったく理解できないけれど、ひどい悪さはしないだろうし、面倒だからこれ以上は関わるのはやめておこう。そんなところでしょうか。

今風にいうなら、ちょっと「ヤバい」やつらが集まる場所。京都の人々にとって、京大はそういう存在だったのだろうと思います。

当時は「大学の自治」に対する意識も強かったので、ちょっとやそっとの騒動があっても警察さえ大学内には入れません。治外法権とまではいいませんが、社会の片隅に、外からは窺《うかが》い知ることのできない自由な空間があった。京大は飛び抜けて自由で「ヤバい」場所だったかもしれませんが、かつての大学はどこであれ、多少なりともそういう性格を持っていたと思います。

第2章
教員として教えた野蛮な作法

大学に残る気はなかったが……

学部を卒業した後、私は海洋物理学の研究室に入りました。とはいえ、プロの研究者になろうと思っていたわけではありません。海洋物理学が面白かったので大学院には進んだものの、研究者として大学に残るのは難しいと思っていました。当時の理学部には、無給で研究を続けるオーバードクターが大勢いたからです。とても自分が大学の教員ポストに就けるとは思えません。

よく知られているように、いまの大学には立場の弱い「ポスドク（博士後研究員）」があふれています。これも、大学改革がもたらした弊害の１つ。１９９０年代以降、大学院拡充政策が進められましたが、研究者の卵である博士号取得者が急増したにもかかわらず、大学の研究職ポストは増えません。そのため多くのポスドクが、短い任期つきの不安定な立場で、少ない収入を得ながら細々と研究者生活を送っています。その悲惨な境遇を表す「高学歴ワーキングプア」という言葉も生まれました。

しかしそういう境遇の若い研究者が、40年前にもいなかったわけではありません。私が大学院に進んだころは、工学部などは就職もよかったので問題にもなっていませんでしたが、理学部は貧乏なオーバードクターだらけ。現在ほど多くはありませんし、まだ日本社会全体が「プア」だったので目立たなかった面もあるでしょうが、高学歴ワーキングプアの存在はいまに始まったことではないのです。

ともあれ私は大学に残ることなどまったく念頭になく、修士課程を終えたら一般企業に就職するつもりでした。もともとモノづくりが好きで、小学生のころはソニーやホンダのような会社に憧れていましたから、どこかのメーカーで商品開発の仕事をしてみたいという気持ちがあったのです。海洋学会誌の裏表紙に出ている流速計《りゅうそくけい》メーカーの広告を見て、「こういう小さな会社で製品づくりを任されたら楽しいかもしれない」などと考えることもありました。

ところが修士1年のとき、思いがけないにもほどがあるような就職話が舞い込みます。なんと、突然「おまえ、教養部の助手にならんか」といわれたのです。

そのころ私は、理学部の研究室に所属していましたが、教養部にもよく顔を出していました。京大には、学生が自分たちで勝手にやる「自主ゼミ」という伝統があります。私は1、2回生のときに、教養部の実験室で週1回の自主ゼミをやっていました（前出の満月会はこのときの仲間です）。部屋の鍵を開けてもらったりする都合もあるので、顧問をお願いしている教養部の先生のこともよく知っています。

そんないきさつから、教養部の助手ポストに空きができたことは早い段階で耳にしていました。でも、まさか自分に声がかかるとは夢にも思っていません。当時、国立大学の教員はみんな終身雇用の国家公務員。助手も（名称にはやや下っ端感があるものの）いったん雇用されれば定年まで立場が保証されるポストです。若い研究者にとって、こんなにありがたい話はありませんでした。

試験に落ちたのに国家公務員

とはいえ、完全に想定外の話だったので、かなり動揺しました。理学部には、博士号を持っているオーバードクターの先輩が大勢います。私はといえば、学部を卒業したばかりで、修士号さえまだ持っていません。助手のポストにふさわしい人材は、ほかにいくらでもいそうな気がします。それなのに、なぜ自分なのか。

しかし聞いてみると、まず、教養部の教員が相手にするのは1回生と2回生なので、幅広くいろいろなテーマを扱わなければなりません。だから高い専門性は不要どころか、かえって邪魔になるとのこと。博士課程まで終えた研究者の場合、「これは自分の専門じゃないからわからない」などという話になりがちなので、「教養部では使い物にならん」といいます。

だから、たとえ私が断っても、理学部の先輩オーバードクターたちにこの話が持ちかけられることはない、とのことでした。

そういわれて考えてみると、仮に理学部の先輩たちに教養部の助手の話を持ちかけたところで、喜んで引き受けるとは思えません。というのも、当時の大学では、専門性が求められない教養部はややステータスの低い存在でした。大学には教育と研究という二本柱がありますが、教養部はおもに前者を担うところ。自分の専門分野で生きていこうと思ったら、やはりおもに研究を担う学部に残ってキャリアを積み重ねたいというのが本音です。

ですから、若造の私が教養部の助手になっても、そのポストを望んでいない先輩たちの恨みを買うことはないでしょう。むしろ、断ったら何をいわれるかわかりません。「おまえごときが助手のポストを断るとは何様のつもりだ」と叱られそうな気がしました。そうなったら、理学部の研究室にも居づらくて仕方ありません。

あれこれ迷った挙げ句、これはもう引き受ける以外に道はない、と決心しました。そもそも理学部でポストを得られるとは思っていなかったわけだし、教養部であっても助手のポストはやはりありがたいものです。

しかも私はその前に、国家公務員試験を受けて落ちていました。先輩に「公務員試験ぐらい通っておかないと、ほんまに食いっぱぐれるぞ」と脅《おど》かされたからです。たしかに、大学には残れそうもないだけでなく、一般企業への就職も決して簡単ではありません。工学部ならまだしも、理学部の修士課程で海洋物理学をやっていた人間を「役に立ちそうだ」と思ってくれる企業はあまりないでしょう。

それで先輩の忠告どおりに公務員試験を受けたのですが、一次試験は通ったものの、二次試験の面接で大失敗しました。誰でも想定するはずの「君はなぜ公務員試験を受けたのですか?」という質問への答えを何も考えていなかったのでオロオロしてしまい、つい「いや、あの、先輩に受けろといわれたもので」と本当のことをいってしまったのです。受かるわけがありません。

そうやって国家公務員試験に落ちた後に、国立大学の助手として国家公務員になる道が開けるのですから、人生わからないものです。私は1年で修士課程を退学して、京都大学教養部の助手として教員生活を始めることになりました。

「成績優秀者の証明書をいただけますか」

しかし、いくら教養部では専門性が求められないとはいえ、修士号も持っていない人間が大学教員になるのは異例といっていいでしょう。教養部は学内でのステータスが低い分、教員の資格に関してもあまり厳しい条件はないのですが、一応「学部卒業後2年間程度の研究職経験、もしくは大学院で研究に携わった経験を有すること」との内規がありました。

　ところが選考委員の先生は、その内規をすっかり忘れていたようです。教授会で採用が決まった後、事務局から「酒井君は該当しません」との連絡を受けて、「どないしよう……」と青ざめていました。

　とはいえ、そこは良くも悪くも自由でええ加減な京都大学。選考委員の先生は、その内規に「ただし成績優秀なる者は除く」という例外規定を見つけて「よっしゃ、これや！」と考えたようです。私を呼びつけて、こういいました。

「おまえ、成績優秀であることを示す証明書を取ってこい」

「いやいや、僕、取得単位ギリギリで卒業したんですけど……」

「そんなんどうでもええ。理学部の事務に行けば何とかなる」

　そういわれてシブシブながら事務のカウンターに行きましたが、自分の口から「あの、酒井といいますが、成績優秀者の証明書をいただけますか」といわなければいけないのですから、穴があったら入りたい心境です。「おまえはアホか」と追い返されるのではないかと心配でした。

ところが事務の人は、「ああ、はいはい」と笑いを噛み殺しながらいったん奥に引っ込み、書類の入った封筒を手渡してくれました。すでに上の人同士で話は通っていたのでしょう。中身も見ずに選考委員の先生に渡したので、どうやって私が成績優秀であることを証明したのかはいまだに謎です。こんなやり方、いまでは通用しないでしょう。おおらかな時代でした。

それにしても、無事に助手にはなったものの、ちょっと前まで修士1年だった人間が学生を教える立場になったのですから大変です。いきなり授業を持つことはありませんが、実験の指導はさせられました。

最初にやったのは、測量の実験。海洋物理学の研究室にはいましたが、現場での測量なんかやったことがありません。ですから1回目の実験では学生のグループに交《ま》じって、一緒に実習をやりました。付け焼き刃もいいところです。

そもそも2回生とは4歳しか違わないので、見た目からして学生たちになじんでしまいます。教員免許を取るために教養部の単位が必要な大学院生も何人か交じっており、その中には私より年上もいます。屋外での実習だったのですが、近所のおじさんがその院生を教員だと勘違いして「何してはるんですか？」と声をかけるなんてこともありました。

やってみると測量はなかなか難しく、最初は私もうまくいきません。同じ場所を別の方向から二度測って、それが誤差の範囲で一致しないといけないのですが、それができませんでした。しかしだんだん要領がわかってきて、3週間後の別グループの実習では「一度目と二度目の差が1㎜以内に入らなかったらやり直しだぞ！」などと偉そうに教えていたのですから、図々しいものです。

学生はライバル

助手になって大学院は中退しましたが、教養部で仕事をするかたわら、理学部の研究室にも出入りして、いくつかのゼミなどには参加していました。いつまでも学位を持たずに教員をやっているわけにもいきません。ただしもう修士論文は書けず、博士課程を修了することもできないので、目指すのはいわゆる「論文博士」。教養部の教授にも「はよドクターを取れ」といわれるので、いわば「二足の草鞋《わらじ》」で教育と研究に没頭する忙しい日々でした。

そんな身分ですから、学生を相手にしていても教育者然とした姿勢はなかなか持てません。上から目線で「教えてあげる」というより、一緒に何か面白いことをやっていく仲間のような感覚です。

さらにいえば、学生たちに対して「おまえらには負けないぞ」というライバル意識さえ持っていました。自分もまだ若いとはいえ、学生たちの元気のよさにはかないません。失敗をおそれない姿勢や、まさに「アホ」みたいなアイデアを次々と思いつく柔軟性などに接していると、ちょっとした闘争心がわいてくるのです。

とくに、教養部が廃止されて総合人間学部に移行したときはそうでした。教養部は学部に上がる前にいろいろなことを幅広く学ぶ場なので、私も半分は「先生」というスタンスで臨んでいましたが、同じ1回生が相手でも、学部となると意識も変わります。

学生の雰囲気も、教養部と総合人間学部では違いました。新設されたばかりの総合人間学部は、表向きは「人文科学、社会科学、自然科学などを統合して新しいパラダイムをつくる」といった立派な目的を掲げていましたが、じつのところ、何をどうするのか具体的には何も決まっていません。正体不明の学部なので、出願をためらう受験生も多かったでしょう。そこであえて総合人間学部を選んだ1期生には、教養部時代に教えていた学生とは違う、どこか尖った感覚の持ち主が多かったように思います。

そのせいか、私はますます彼らを学生扱いしなくなりました。やや喧嘩腰《けんかごし》で向かい合ったこともあります。それは、学部の方針がはっきりしないことについて、学生が抗議の声を上げたときのこと。入学してみたら、総合人間学部が掲げる「新しいパラダイム」に何の具体性もないことがわかり、「こんなの詐欺《さぎ》や！」と食ってかかる学生がいたのです。

私は、自分が大学当局の人間であることを棚に上げて「君らは騙《だま》されたんや。もっと怒っていいぞ」といいました。

「でも、何か新しいことをしたくて入学したなら、総合人間学部を選んだのは間違いじゃない。新しいことをやれよ。教員は新しいことを教えられないけれど、君らが勝手に新しいことをやるのを止めることもできない」

教育者にあるまじき開き直り発言かもしれません。しかし、研究によって新しいものを生み出すことを目指す大学人としては、決して間違っていなかったと思います。教員として学生をリードするのではなく、研究の仲間でありライバルでもある学生を「やれるモンならやってみろ」と挑発していたわけです。

「岩屑《がんせつ》なだれ」の謎を解明したい！

その「総人」１期生を相手にしていたある日のこと。私は、研究室にある旋盤《せんばん》を回して、実験で使う道具を自作していました。これは少しもめずらしいことではありません。誰もやったことのない新しい研究をやるとき、それに使う道具もこの世に存在しないことはよくあります。とくに私の場合は子どものころから工具を使ってモノをつくることに慣れているので、そのときも「学生には難しいだろうから」と自分で用意していました。

すると、研究室にやって来た学生が「先生、何やっているんですか？」と聞きます。

「君らの実験で使う道具をつくっているんだよ」

「先生はどうしてそういうの全部自分でやっちゃうんですか。面白そうだから、オレにもやらせてくださいよ」

不満そうな学生の顔を見て、私はちょっと嬉しくなりました。その学生は旋盤を扱った経験などありませんでしたが、せっかく面白そうな実験をやるなら、道具づくりから自分でやってみたいと思ったのでしょう。

このエピソードだけではなく、そのとき学生といっしょに取り組んだ実験自体も、私にとってじつに思い出深いものでした。長い話になりますが、大学で行われる研究や学問とはどういうものかがわかると思うので、ご紹介します。

「粉の上は滑りやすいのか？」——それが実験のテーマでした。これだけでは何のことかわからないでしょうが、もともとは私が火山学者から聞いた話から始まったことです。

火山が噴火したときに、「岩屑なだれ」という現象が起きることがあるのをご存じでしょうか。爆発によって山体《さんたい》崩壊した火山の一部がまるで流体（液体や気体のこと）のように流れて移動してしまう現象です。土砂崩れよりも流動性が高いのですが、全体が流体のようになるわけではなく、部分的に山の形を残したまま滑っていく。たとえば１９８０年に大噴火した米国のセントヘレンズ山でもそれが起きました。

私がその現象について聞いたのは、巡検《じゅんけん》（学術研究のための実地調査）で大分県の湯布院《ゆふいん》を訪れたときです。湯布院には十数mの小高い丘があちこちにあるのですが、同行した火山学者が「あれは流れ山といって、あっちの由布岳《ゆふだけ》から岩屑なだれで流れてきたんですよ」と教えてくれました。それだけでも「へえ」と思ったのですが、聞けば、八ヶ岳《やつがたけ》ではもっと大規模な岩屑なだれがあって、なんと数十kmも山が形を保ったまま滑って移動したといいます。

これは不思議なことだと思いました。八ヶ岳は、標高２８９９m。頂上が崩壊したわけではないので、滑り落ちた高低差はせいぜい２km程度でしょう。その高低差で数十kmも滑ったということは、傾斜は平均的なところで数%ぐらいしかありません。傾斜が急なら勢いがついて遠くまで滑っていきそうですが、その程度の傾斜でそんな距離を移動するものでしょうか。

　疑問に思ったので、大学に戻ってから机を傾けて試しにいろいろな物を滑らせてみましたが、数％の傾斜で滑り落ちる物はほとんどありませんでした。やはり、山がそんなに滑るとは思えません。しかし現実に滑ったのだとすれば、何かそれを可能にする仕組みがあるはずです。

　しかし火山学者にそれを聞いてみても、「なぜ山が滑るのか」についての答えは持っていませんでした。そもそも、そこには興味がない。火山学は、そこにある火山や実際に起きた現象を観察して記述することが最大の目的。自然現象に対して、いわば博物学的なアプローチをする分野なので、「Ａ地点からＢ地点まで山が動いた」ことを正確に調べれば、火山学者は気が済んでしまうのです。

　もちろん、そういう学問にも意義や価値はあるでしょう。地球物理と近い分野では、気候学者にもそれと似た面があります。しかし私は地球物理学者なので、理解しがたい自然現象を前にしたら、「なぜ」「どうやって」という理屈を考えずにいられません。そこがわからなければ現象を理解したと思えないのが、物理学者というものです。

小麦粉で『ネイチャー』を目指す

そこで、まずは自分なりの仮説を立ててみました。山を滑らせる仕組みとして目をつけたのは「火山灰」です。噴火すれば大量の火山灰が周辺に敷き詰められるでしょう。その上なら、傾斜は緩くても山が滑りやすくなりそうな気がします。火山学者に聞くと、岩屑なだれで滑った山の下には、たしかに火山灰のような細かい物質の層が見られることがよくあるとのこと。「その上を滑って移動したという仮説は悪くないんじゃないですか」ともいわれました。

それで学生たちと始めたのが、「粉実験」です。正式な研究の名称は「粉体層《ふんたいそう》上の動摩擦《どうまさつ》係数《けいすう》測定実験とその流体力学的考察」。本物の火山灰ではなくても、同じくらい細かい粉体《ふんたい》を使って物体の滑りやすさを測定すれば、岩屑なだれのメカニズムの解明に大きく迫ることができるでしょう。

どんな粉が適当かわかりませんでしたが、とりあえず私たちが選んだのは簡単に大量に手に入る小麦粉。それをベニヤ板でつくった長さ約10mの「滑走路」に敷き詰めます。ゴム製のパチンコで直径15cm程度の円盤をその滑走路の上で弾き飛ばし、その様子をデジタルビデオに記録する。それをパソコンで再生し、60分の1秒ごとの円盤の位置を読み取って、円盤の速度変化から動摩擦係数を求めようという計画です。私が旋盤を回して自作していたのは、パチンコで弾き飛ばす円盤でした。こんな実験に適した円盤など、どこを探しても買えるわけがありません。

とはいえ私たちも、すぐにはいい塩梅《あんばい》の円盤をつくれませんでした。最初は、軽いほうがゴムのパチンコで加速させやすいと考えて、木製の円盤を試したのですが、これだと滑走路の小麦粉に接触した途端に、あらぬ方向に跳ねてしまいます。どこに行くかわからなくて怖いので、実験場所に近い吉田寮から布団を借りてきて滑走路を囲んだりもしました。

しかし、誰もやったことのない実験ですから、こういう試行錯誤は当たり前。いろいろと試していくうちに、重い円盤のほうが速度は遅くても安定して滑ること、小麦粉の層は薄いほうが滑走がうまくいくことなどがわかりました。

そこで、（これはさすがに自作できないので）重さを調節できる真鍮《しんちゅう》製の円盤を業者に発注。一方、薄く小麦粉をまくための道具は手作りしました。木枠に網を張り、サンドペーパーで木を磨くときに使う電動サンダーを装着したものです。電動サンダーの振動で木枠をブルブル震わせることで、小麦粉を均等にまく。しかし試行ごとに同じ程度の厚さにするのはなかなか難しく、担当者によってバラつきが生じてしまいます。それでは正確なデータが取れないので、小麦粉担当者を固定。斎藤君という学生が滑走路を1往復してまく小麦粉の厚さを「1サイトウ」という単位で呼ぶことにしました。そんな手作り感満載の実験をやりながら、「これがうまくいったら『ネイチャー』に論文を載せよう!」などと盛り上がっていたので

画面奥から手前（1/3くらいのところ）に小麦粉を巻き上げげながら爆走する円盤

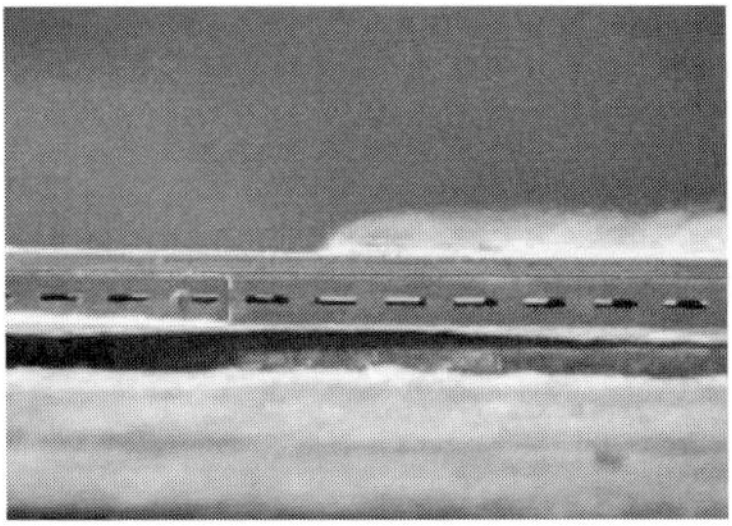

横から見たところ。右から左に滑走中

すから、じつにアホらしくも夢のある話です。

火山学と粉体力学の「隙間」

ちなみに、件《くだん》の火山学者にこの実験のことを話すと、「これのどこが火山なんですか？」という反応でした。たしかに、滑らせているのは山とは似ても似つかぬ円盤ですし、敷き詰めたのは火山灰ではなく小麦粉です。それに、岩屑なだれは斜面で起きる現象ですが、こちらはフラットな滑走路。しかも、山は火山灰の上を滑りながら自分自身も削られていくのに対して、円盤は削られません。

　でも私たちにしてみれば、もはや火山とか岩屑なだれとか、そういう具体的な自然現象そのものはどうでもいいわけです。その現象の根本的な仕組みを解明するために、まずは粉体によって動摩擦係数がどう変化するかを知りたい。火山学の世界からは遠く離れて、粉体力学という分野に足を踏み入れているのです。火山学者にしてみれば、自分が見ている火山の現象と何ひとつ同じだとは思えないので、自分の研究とは関係ない。興味を示さないのも無理はありません。

　この実験で興味深かった発見の1つは、表面がツルツルの円盤とザラザラの円盤の滑り具合の違いでした。一方は、ピカピカに磨いた真鍮製の円盤。もう一方は、スプレー糊《のり》を吹き付けた円盤。直観的には、前者のほうがツルツルしているので長い距離を滑り、後者は（揚げる前の天ぷらみたいに）小麦粉がまぶされてザラザラになるので、途中で失速しそうな気がします。しかし実際には逆でした。粉まみれになるスプレー糊つき円盤のほうが、シュルシュルときれいに長く滑っていきます。

これが不思議だったので、私は粉体力学の専門家に聞いてみました。すると、粉体力学の分野には「スティック・スリップ現象」という研究対象があるといいます。たとえば砂の上に物を置いて力をかけると、連続的には動かない。たまにズリッと動いてしばらく静止し、力が溜《た》まるとまたズリッと動いて止まる。それがどういうメカニズムで生じるのかという問題が、とても重要なテーマなのだそうです。

でも、これは粉体の１粒１粒の動きなどを細かく見ていく研究なので、きわめてゆっくりした動きしか扱いません。それに対して私たちの実験は円盤の動きが速く、滑り始めると粉がブワッと舞い上がります。つまり、粉体同士が気体分子のように激しく動く。粉体力学の専門家にいわせると、これは粉が「溶けた状態」とのことです。そして、溶融《ようゆう》してしまった粉体は状態が複雑すぎるので、まともに記述できません。つまり研究の対象外なのだそうです。

というわけで、私たちの研究は、火山学者には単純すぎて興味を持たれず、粉体力学の専門家には複雑すぎて手に負えないものでした。このあたりが、学問の面白いところの１つです。

自然科学には多種多様な分野があり、全体として森羅《しんら》万象《ばんしょう》を取り扱っているように思えますが、その隙間には誰も手をつけていない小さなテーマが無数にある。どの分野の守備範囲にも入らないという意味では、いわばポテンヒットみたいなものです。理学部、工学部、農学部のように学問として確固たる体系を持っている学部より、アイデンティティの不明瞭な総合人間学部のほうが、そういう「隙間」を見つけて入っていきやすいともいえるでしょう。だからこそ、新しいことをやりたい学生がこの学部を選ぶのは間違っていないのです。

ともあれ、研究の結果をごく簡単に説明しておきましょう。円盤の速度と滑走路上の粉体にかかる圧力などを計算したところ、ある臨界スピードを超えると、ブワッと舞い上がった粉体によって円盤が浮き上がって滑りやすくなることがわかりました。このメカニズムを火山に当てはめると、たとえばセントヘレンズ山の場合、高さにして１００ｍ程度滑り落ちれば、岩屑なだれが臨界スピードに達すると考えられます。そこで崩落した山が浮き上がるので、遠くまで滑っていくことができるのです。

もちろん、あくまでも仮説ではありますが、それを論文にまとめたところで、この実験計画は終了。火山学会でも実験のビデオを流しながら発表して、それなりに面白がってもらえましたが、それ以上の関心を集めることはありませんでした。いうまでもないとは思いますが、『ネイチャー』には掲載されていません。

阿蘇山《あそさん》の「赤熱現象《せきねつげんしょう》」を探れ！

火山がらみでは、もう１つ、学生たちといっしょに取り組んだ研究があります。きっかけは、阿蘇山に遊びに行った学生が「赤熱現象」の写真をもらってきたことでした。阿蘇山の火口では、噴火しているわけではないのに、夜になると火口の一部が赤く光って見える現象が起こります。

その現象自体は昔から知られているのですが、その学生によると「光って見えるところの温度は２００℃だそうです」とのこと。これは聞き捨てなりません。物が熱くなると光るのは不思議なことではありませんが、赤くなるのは５００～６００℃。７００℃程度で「暗赤熱」という状態になり、１０００℃ぐらいになると、こんどは白っぽく見えるようになります。とにかく、２００℃で赤く光るはずはありません。

「おれは何十年もハンダごてを握っているけど、光っているのは見たことないぞ。あれだって、２００℃ぐらいにはなるはずだけど」

「でも、観測所の人は２００℃っていっていました」

学生とそんな会話をかわしたあと、私は阿蘇山の観測所に電話をして確認しました。

「２００℃で赤熱現象が起こるって、おかしくないですか？」

「それはそうなんですけど、実際、どう測っても２００℃しかないんですよ」

だとすると、気になるのは温度の測り方です。聞けば、放射温度計で計測しているとのこと。物体から出る赤外線の強さを、離れたところから測定できる温度計です。火口には近寄れないので、遠くから測るしかないのでしょう。しかし阿蘇山の火口には水の溜まった湯釜《ゆがま》があり、そこから大量に水蒸気が出ています。赤外線は水蒸気に吸収されやすいので、放射温度計は赤熱現象を起こしている部分ではなく、その手前にある水蒸気の温度を測っている可能性が高いと思いました。

ならば、自分たちで正しい温度を計測してみようじゃないか。私は数人の学生たちと共に「京大地学職人衆」なるグループを結成して、この課題に取り組みました。

しかし、計測方法はなかなか思いつきません。湯釜を避けるには近接測定がいちばん手っ取り早いのですが、それが簡単にできるようなら誰かがとっくにやっているでしょう。

「火口にロープを渡せば近づけるんちゃう?」

「落ちたら即死やで。危険すぎるわ」

「近くまで模型飛行機を飛ばしたら?」

「いや、乱気流の中での操縦は難しいやろ」

「おまえ弓道部やろ?　４００ｍ先の的にセンサー付きの矢を打ち込めへん?」

「無理っす」

「探検車をつくろうよ!」

「楽しそうだし有望な方法だが、開発に時間がかかりすぎる……」

あれこれアイデアは出ますが、どれも現実的ではありませんでした。

ビデオカメラを温度計として活用

しかし、思いがけないところから使える道具が見つかりました。そのころソニーから発売されたばかりのビデオカメラです。

この研究とは無関係に、別の実験目的で買ったのですが、そのカメラには「ナイトショット」という新機能が搭載されていました。本体前面にある赤外線ライトを使うと、暗いところでも撮影ができる。真っ暗な寝室でもかわいい子どもの寝顔が撮れるというのが、いちばんわかりやすいセールスポイントでした。

どれぐらい撮れるのかと思って、買ってから屋外で夜空にカメラを向けたら、星が写ったので「ほう」と感心したのをよく覚えています。それまでのカメラは、１キロワットぐらいの強力なライトで照らさなければまともに写りませんでした。でも、このナイトショットは驚くほど感度がいい。

そこで、ふと「このカメラは赤外線を見ているんだよな」と気づきました。試しに暗室で熱したハンダごてを撮ってみたら、ちゃんと赤外線を読み取って写ります。ならば、これを温度計として使えれば、赤熱現象を測定できるはず。そのカメラがとらえるのは近赤外線という波長の短い赤外線なので、水蒸気には邪魔されにくい波長です。つまり、遠くからでも赤熱現象だけを測定できるのです。

この偶然の思いつきからいろいろな工夫を重ね、天体望遠鏡なども使用することで、私たちは阿蘇山の赤熱現象を測定できるようになりました。現地に乗り込んで測定した結果、夜に赤く光って見えるところの温度はおよそ８００℃。やはり、２００℃では赤熱現象は起こらないのです。

当初の目的はそれで達成できましたが、１つ謎が解けると次の謎が浮上するのも研究の面白いところ。温度がわかると、こんどは「噴火してもいないのになぜ８００℃にもなるのか」という疑問が生じました。地下の深いところにマグマがあることはわかっていますが、そこから出る熱いガスは地表に出るまでに断熱膨張《だんねつぼうちょう》して温度が下がります。地表で８００℃になる現象は、何かが燃えていなければ説明がつきません。

そこでまた１つの仮説を立てました。もし地下から噴き出すガスが燃えているのだとしたら、燃焼に必要な酸素は地上からしか供給されません。それは、どういうメカニズムなのか。赤熱現象はパッチ状に起きるように見えます。その場所のまわりは、砂利《じゃり》みたいな状態。そこでいったん火がつくと、周囲から冷たい空気を吸い込んでさらに燃える――そういう自己組織化みたいな現象が起きて、ガスが燃え続けるのではないか。そう考えました。

仮説を立てたら、また実験です。鴨川《かもがわ》から拾ってきた砂利を実験室に積み上げて、その下に入れたたこ焼き器みたいなガスバーナーに火をつける。それでパッチ状の赤熱現象が起きるかどうかをたしかめようとしました。

しかし残念ながら全体が均等に熱くなってしまって、これは失敗。せっかく、焼けた石がたくさんあるので、石焼き芋を作って、おいしく食べました。しかし、学生たちの課題はほかにもいろいろあり、そんなことばかりやっているわけにもいかなかったので、この研究はそこまでとなりました。

ちなみにこの研究も火山学会に持っていきましたが、そもそも赤熱現象の温度の問題にもみんな無関心。「２００℃といわれていたのが実際は８００℃だった」といっても、「それで？」という冷たい反応でした。８００℃にまで温度が上がる理由についても、まったく興味がない様子。計測した温度が８００℃だったなら、それを事実として記述すればよいということなのでしょう。同じ研究者でも、分野が違えば興味の対象もそれぐらい違うのです。

「獣道《けものみち》」をつくるのが研究者

学術研究は、しばしば「それは何の役に立つんだ？」という疑問を投げかけられます。ノーベル賞をもらうような大発見でさえ、必ずメディアからそういう質問を受ける。でも、研究の意味がわからないのは、大学の外にいる一般人だけではありません。いまの２つの実験の話からもわかるとおり、同じ大学にいる研究者同士でさえ、分野が違えば他人の研究が

「それに何の意味があるんだ？」と理解できないことはいくらでもあります。

さらにいえば、研究している本人も、その先に何があるのかはよくわかっていません。とりあえず「こうだろう」という仮説は立てますが、やってみなければわからない。何度も失敗しながら真相に迫っていくわけですが、やっと結論らしきものが見えてくると、そこから新たな謎が浮上することも少なくありません。

そうやって謎を解き続けることに何の意味があるのかは誰にもわからないけれど、後で振り返ってみれば、そこで誰かが謎を解いたおかげで、役に立つものが生まれたことがわかる。科学とはそういうものです。たとえば電子や電磁波も、発見されたときは誰も役に立つとは思っていませんでした。

それでも、そこに謎や不思議があるかぎり、「ああでもない、こうでもない」と無駄な遠回りをしながら解明の努力をくり返すのが研究というものです。ここで紹介した学生たちとの実験や研究は、いかにも場当たり的でアホらしいものだと思われたかもしれません。でも、新しいものを生む研究とはそういうものですし、それを経験させるのが大学の教育だと私は思っています。

これは個人的な遊びの話ですが、以前、実家の庭で焚き火をやりたくなって、大学の近くにある荒れた森で薪《まき》を調達したことがありました。数年前の台風にやられた倒木がそのまま放置されているのを知っていたからです。管理している造園屋さんに「あそこの倒木、もらってもいいですか？」と聞いたら、「これ持ってってええで」とチェーンソーまで貸してくれました。

　それを持って森に入ってみると、造園屋さんがそこらでかき集めた落ち葉が大量に捨ててあるので、足元はフカフカ。歩きにくいし、落ち葉の下に何が埋まっているかもわかりません。おそるおそるあちこちに移動しながら、焚き火に使えそうな枝を何本もチェーンソーで切り出しました。その作業が一段落して、ふと周囲に目をやると、自分が歩き回ったところが踏みつぶされて、いわば「獣道」のようになっている。なぜこんな話をしているかというと、学術研究とよく似ているからです。

　誰も手をつけていない研究テーマは、いわば人跡《じんせき》未踏《みとう》の森みたいなもの。そこに道はありません。しかし誰かがそこに踏み込んであれこれ研究をすると、そのうしろに獣道ができています。後から森に入った人はその獣道をたどりつつも、途中から違う方向に何かを見つけて踏み込んでいくかもしれません。たくさんの研究者がそこに入れば、いずれ道がきれいに整備され、詳細な地図もつくられるでしょう。そうやって新たな学問体系が確立され、教科書もできるわけです。

教科書ができてから勉強する人は、きれいに整えられた体系に「洗練」を感じるかもしれません。でも、それは多くの研究が重ねられた結果にすぎない。そこにいたるまでのプロセスは、それこそチェーンソーを片手に道なき荒野を切り開いていくような「野蛮」なものなのです。

授業で見せる実験を5年連続で失敗

もちろん、子どもが受ける教育において、まずは教科書が基本に据えられることに間違いはないでしょう。社会を安全に、正確に、効率よく回すためには、多くの人々が同じ常識や良識を身につけておかなければいけません。先人たちがさまざまな経験に基づいて築いてきた知識やノウハウなどをみんなが同じように教わっておく必要があります。

でも、それが教育のすべてではありません。既存の教科書を学ぶだけでは、新しいものは生まれないからです。新しいものを生み出す研究者を育てるには、荒野を切り開いていくために必要な野蛮な作法を身につけさせる必要があります。

ここでいう「研究者」とは、学術研究に携わる者だけを指すのではありません。たとえば、どの店にも出せない斬新な味を生み出すラーメン屋のおじさんだって、私は立派な研究者だと思っています。会社で商品開発をしている人はもちろん、新しい売り方を考え出す営業マンにも、研究者的なタイプはいるでしょう。みんながそういう教育を受ける必要はありませんが、社会が常に新しいものを求めている以上、研究者を育てる教育は誰かが担わなければいけません。大学は、その筆頭です。

新しいラーメンを生み出すためのマニュアルがないのと同じで、研究者を育てる大学教育も、本来、マニュアルはありません。自動車教習所なら、所定のマニュアルに沿って車を動かす技術や交通ルールなどを教えれば、免許を取得してどんな道路でも自分で走れるようになるでしょう。しかし研究者が向かうのは、道路も標識もない荒野です。徒歩がいいのか、車がいいのか、あるいは筏《いかだ》でも用意しなければならないのか、移動手段さえ明らかではありません。

研究とはそういうものですから、教えられることにもかぎりがあります。指導者も知らない場所に行かせるのですから、「歩いていけ」「筏を用意しろ」などと指示することはできません。教えられるのは、「移動手段として何がベストなのか自分で探れ」ということだけです。また、「どこにどんな危険物が埋まっているかわからないから気をつけろ」と忠告することなどもできるでしょう。未知の領域に踏み込んで進んでいくために必要な作法や嗅覚《きゅうかく》のようなものを、いっしょに試行錯誤をする中で感覚的に伝授していくのが、大学における研究者教育なのです。既存の知識体系を教えるオンライン授業でやれるようなものではありません。

試行錯誤は研究につきものですから、大学教育では失敗を見せることも大事。私も、ある実験を見せる授業で、5年連続で失敗したことがありました。すでに実証されている現象の追試なので、新しいことではないのですが、これがどうしても再現できない。実験の手法をめぐって、学生の前でほかの教員と喧嘩になったこともあります。

でも面白いもので、その授業は出席を取るわけでもないのに、学生たちが皆勤でした。みんな失敗ばかり見せられているので、「いつ成功するかわからない」とスリルを感じていたのでしょう。「よくこんな授業につきあってくれるね」といったら、「だって自分がいないときに成功したら悔しいじゃないですか」といわれました。べつにわざと失敗していたわけではないので、言い訳がましくはなりますが、このまさに研究者的な感覚は、マニュアルどおりの教育では得られないものでしょう。

日米の「野蛮さ」の違い

ちなみに昔の日本では、高校までは教科書的なマニュアル教育、大学では荒野を行く「野蛮」な教育という順番でしたが、米国ではこれがひっくり返っているように見えます。もちろん高校までもマニュアル教育は行いますが、日本ではみんなが同じことを同じようにできるようにするのに対して、米国では小学校のときから「おまえはどうしたいんだ」と問うて自己主張をさせる。なにしろ自分の身を守るために銃の所持が許されている国ですから、まずは自主性や主体性を身につけなければ生きていけない。いわば、荒野の歩き方を早い段階で学ばなければならないのです。

そのため米国では、いわゆる「読み書きソロバン」は後回しになりがち。たとえば三角関数も高校までの教育カリキュラムに入っていなかったりします。したがって、大学入学時点での知識レベルは、日本ほど高くありません。いまはよくわかりませんが、少なくとも私が学生だったころは、「日本の学生は知識レベルが高い」といわれていました。

よく「米国の大学生は日本よりもはるかによく勉強する」といわれますが、それは彼らが知識に飢えているからでしょう。小学生のころから「自分はこれがやりたい」「自分にはできるはずだ」という意識は強く持っている彼らですが、それを実現するのに必要な知識や技術が足りません。だから大学で一生懸命に勉強しますし、大学の教育カリキュラムもシステマチック。ビジネススクールをはじめ、米国の大学院は研究機関というより専門学校に近いものが多いという印象があります。

ところが日本ではある時期から、そういう米国と比較して、「わが国の大学教育はなっていない」という声が聞かれるようになりました。教養部が廃止に追い込まれた背景にも、そのような見方があったのだろうと思います。すぐ役に立つ専門的な知識や技術を真面目に勉強させる米国の大学と比べると、日本の大学は無駄なことばかりしているように思えたからでしょう。

たしかにかつての日本の大学教育にもダメなところがいろいろあったことは間違いないでしょう。しかし、教育の順番が異なることを考えれば、米国との単純な比較には意味がありません。米国の大学生は入学前に荒野を歩く「野蛮さ」を身につけているので、大学でそれを教える必要はない。逆に日本の大学生は、入学前に汎用性《はんようせい》の高い武器をいろいろと身につけているので、大学で基本的な知識や技術を教える必要はないのです。

にもかかわらず、大学でも高校までと同じようなマニュアル教育だけやっていたのでは、野蛮さを身につける機会が得られません。野蛮な学生に文明の知恵を授けるのが米国の大学だとすれば、すでに文明の知恵を持っている学生に野蛮な生き方を教えるのが、本来、日本の大学の役目でした。

だとすれば、大学を「高校化」しつつある大学改革は、根本的なところで方向性を間違っているとしか思えません。研究に必要な野蛮性を教えず、「単位の実質化」と称してオンライン授業で間に合うレベルの教育ばかりしているようでは、大学が新しいものを生み出せなくなるのも当然の成り行きです。

産業界は大学に「即戦力」の養成を求め、だから「もっと真面目に勉強させろ」といいます。しかし、もしそこでイメージしているのが米国の大学生だとすれば、彼らが企業にとって「即戦力」になるのは、大学で真面目に勉強したことだけが理由ではありません。もともとフロンティアに踏み込む野蛮さを持っているから、大学で学んだ知識が生きるのです。そういう人材を求めるなら、むしろ日本は「野蛮な大学」を取り戻すことを考えるべきではないでしょうか。

第３章
研究者は荒野を目指す

「頭の悪い命知らずの死骸《しがい》の山の上に築かれた殿堂」

戦前の日本を代表する物理学者・寺田寅彦《てらだとらひこ》が1933年に書いた「科学者とあたま」というエッセイに、こんな一節があります。

> 科学の歴史はある意味では錯覚と失策の歴史である。偉大なる迂愚者《うぐしゃ》の頭の悪い能率の悪い仕事の歴史である。
>
> 頭のいい人は批評家に適するが行為の人にはなりにくい。すべての行為には危険が伴なうからである。けがを恐れる人は大工にはなれない。失敗をこわがる人は科学者にはなれない。科学もやはり頭の悪い命知らずの死骸の山の上に築かれた殿堂であり、血の川のほとりに咲いた花園である。一身の利害に対して頭がよい人は戦士にはなりにくい。

寺田寅彦といえば、日本のサイエンティストの原点のような存在。私と同じ地球物理学の分野でも、大きな業績がある人物です。あまり本を読まない私ですが、寺田の著作は昔から好きでよく読んでいました。気負わない普通の日常生活を描写したような文章の中に、さりげなく埋め込まれた鋭い観察眼には、ずいぶん影響を受けていると思います。

ここで寺田がいう「頭の悪い人」とは、かつて京大に入学した私が先生たちにいわれた「アホ」のことでしょう。このエッセイには、次のような一節もあります。

> 頭の悪い人は、頭のいい人が考えて、はじめからだめにきまっているような試みを、一生懸命につづけている。やっと、それがだめとわかるころには、しかしたいてい何かしらだめでない他のものの糸口を取り上げている。そうしてそれは、そのはじめからだめな試みをあえてしなかった人には決して手に触れる機会のないような糸口である場合も少なくない。自然は書卓の前で手をつかねて空中に絵を描いている人からは逃げ出して、自然のまん中へ赤裸で飛び込んで来る人にのみその神秘の扉を開いて見せるからである。

まさに、「アホ」こそが未知の荒野を切り開くという話です。ちなみに京大では、「アホなことをやれ」とけしかけるものの、それで失敗しても誰も救ってはくれません。みんなで山ほどアホな失敗を積み重ねる中で、何か光るものが1つでも見つかれば儲けものだと考える。そのため京大では昔から「99人の屍《しかばね》の上に1人の天才が生まれる」といわれてきました。荒野に踏み込むアホな研究の成功率はそれくらい低いということです。

過剰に高まった科学への信頼感

しかし、寺田寅彦は東京帝国大学出身。その教授も務めた人物が「科学もやはり頭の悪い命知らずの死骸の山の上に築かれた殿堂」などと書いているのですから、学術研究がアホで野蛮なのは京大だけの専売特許ではありません。科学とは、本質的にそういう営みなのです。

ところが、それがなかなか理解されない。科学は失敗をしない（ように見える）「頭のいい人」がやるものだと思われているフシがあります。科学者の中にも、「その仕事が結果の価値という点から見るとせっかく骨を折っても結局たいした重要なものになりそうもないという見込みをつけて着手しないで終わる」（「科学者とあたま」）ような「頭のいい学者」は少なくないでしょう。

すでに昭和8年の時点で、寺田にはそういう問題意識があったからこそ、このようなエッセイを書いたに違いありません。学者としての権威を維持するために野蛮さを嫌い、洗練された成功だけを求める小利口な傾向は、昔から存在したわけです。

言い換えると科学は、野蛮な行為を繰り返して賢くなった結果、自らが野蛮でなくてもいい方法や見せ方を見つけたともいえます。一面では、それが科学の体系であり発展の歴史でもありました。現在の科学が有する権威は、さんざん野蛮なことをやり尽くしてきたからこそ生まれたという側面もあるのです。

とくに寺田が在籍していた東大の場合、やはり日本の学術界のトップに君臨するシンボルのような存在ですから、京大のようにあからさまに「アホ」「変人」を表に出すわけにはいきません。権威を保つために、ある種の方便として、洗練された「頭のよさ」をアピールする必要もあるだろうと思います。

寺田も、社会に受け入れられるためにはそういう方便も必要だ……とわかってはいたかもしれません。しかしそれでも、「頭の悪い命知らず」という科学者本来の顔とは相反する気取ったイメージが世に広まることが、不満だったのではないでしょうか。

そして現在の日本は、その方便が行きすぎてしまった状態のように見えます。権威づけの方便だった「頭がよくて失敗も間違いも犯さない」という建前が、まるで科学者の本質であるかのように誤解されているのです。

そうなったのは、前にも述べたように、この１００年ほどは科学が大いに社会の役に立ってきたせいもあるでしょう。科学技術の発展によって、社会全体が右肩上がりに豊かになり、生活が便利で安全なものになったのはたしかです。多くの人がそれを実感しているので、科学者に対する信頼感も高まってきたのです。

もちろん、ふつうに考えれば、社会から信頼されるのは悪いことではありません。でも、実情に見合わない信頼感は、逆に負担になることもあります。本当は野蛮な失敗を山ほどしているのに、それを知らない人たちから成功ばかり期待されるのはツライものです。たとえば、長く学術界を苦しめている研究資金の「選択と集中」路線も、成功例ばかり見せてカッコつけてきた研究者の自業自得、という側面がないわけでもありません。

将来うまくいきそうな役に立つ研究に対して選択的に資金を集中させるのは、「当たり馬券だけ買いたい」というのと同じナンセンスな手法だという批判がありますが、私もそう思います。未来のことは、誰にも予測できません。何が起こるかわからない未来に備えるには、いろいろなことを手広くやっておくしかない。99の失敗があって初めて1つの成功が得られるのですから、海のものとも山のものともつかぬ研究も含めて広く投資しなければ「当たり馬券」は手に入らないのです。

しかしアカデミズムの側が「99の失敗」を見せず、まるで自分たちの研究は百発百中で役に立つかのように振る舞っていれば、「当たり馬券だけ買えるはずだ」と錯覚されるのもやむを得ない面があるでしょう。そのおかげで、いま日本の研究者は99の失敗をさせてもらえなくなってしまい、１つの成功を得るのが困難になっている。そういう見方もできるのです。

科学が安全を保証してくれるという錯覚

また、科学への過剰な信頼感には、べつの弊害もあります。社会で生きていくのに必要な野蛮さを人々から奪いかねないという側面です。どういうことか、説明しましょう。

先にも述べたとおり、たとえば銃社会の米国では、危険の存在を前提とした生き方を子どものころから身につけざるを得ません。そういう社会では、どこに落とし穴があるかわからない道を慎重かつ大胆に歩くための嗅覚のようなものが必要です。

しかし科学技術への信頼が過剰に高まると、「この社会は誰かが（おもに科学者が）きちんと未来を予測して、安全が確保されるようにコントロールされているに違いない」という漠然とした思い込みが広まります。

たとえば１９９５年に阪神・淡路大震災が発生し、甚大《じんだい》な被害が生じたときには、「こんなのは誰かが予測しているはずなのに、なぜわからなかったのか」という声をよく聞きました。地震の予知は現在の科学にとって「夢のまた夢」というぐらい難しい課題なのですが、科学に対してそういう万能感を抱いている人は少なくありません。新型コロナウイルスのような未知の感染症も、当初は「きっと誰かが準備しているからそんなに広まらないだろう」とタカをくっていた人が多いのではないでしょうか。

「誰かがちゃんと危険に備えてくれているはずだ（だから自分たちは安全だ）」という思い込みがあると、人々は予測できない危険や失敗に備える生き方を忘れます。たとえば子どもに対して過保護な親が目立つようになったのも、そのせいかもしれません。

　昔の親は、子どもが失敗して怪我をするのは当たり前だと思っていました。もちろん命にかかわるような事故は未然に防ぎたいけれど、かすり傷ぐらいは気にしない。むしろ、それを経験することが本人のためだと思っていました。痛い目に遭うことで、危険に対する嗅覚や回避方法を学習するからです。

　ところが、いまは保護者の多くが「社会は安全に管理されている」と錯覚しているのではないでしょうか。だとすれば、子どもが失敗を経験する必要を感じなくても無理はありません。だから、わが子に失敗をさせぬよう、先回りして守ってやろうと思う。親心としては、理解できます。しかし世の中には、本人が察知しなければ避けられない危険が必ずある。過保護な親は、目の前のかすり傷を防いでやることで、将来の大怪我のリスクを高めてしまうわけです。

そのリスクを忘れるのは、過保護な親だけではないでしょう。「安全神話」が根拠もなく信じられる社会では、教育全般が、野蛮さの必要性を重く見なくなります。すると、まだ獣道さえできていない予測不能な未来に踏み込めるだけのスキルを持つ人間が育ちません。そういう人材が育たなければ、学術研究はパワーを失うでしょう。科学技術を過信した結果、科学技術の発展が停滞するという皮肉な事態を招いてしまうのです。

もちろん、人類はこれまでさまざまな技術を生み出すことで、より安全でより便利な社会を築いてきました。結果的にできあがった文明社会は、原始時代と比較すれば圧倒的に洗練されています。

でも、野蛮さが不要になったわけではありません。人類社会の文明化の端緒《たんしょ》ともいえる火の使用が大きな危険と表裏一体だったことを思えば、それは明らかです。きっと、みんなが怖がる火を最初に使おうとしたのは、「頭の悪い命知らず」だったに違いありません。「頭のいい人」がやめておけというのも聞かずにいろいろと試し、無謀な挑戦で本当に命を落としてしまった人もいたでしょう。

でもその野蛮さのおかげで人類はみんな火を使えるようになり、ほかの動物には築けない豊かな社会を手に入れました。野蛮なバイタリティが、人間らしい洗練された社会を生んだともいえるわけです。野蛮さを失った社会に、豊かな未来はありません。

中国の野蛮さを笑うな

ですから、日本を未来に希望の持てる社会にするには、失われつつある野蛮さをアカデミズムが取り戻さなければいけないと私は思います。いや、取り戻すというより、学術研究が本来は野蛮な営みであることを、きちんと認めるといったほうがいいかもしれません。つまり、科学に対する世間の誤解を解くのです。

それをやると、いったん科学に対する信頼感やアカデミズムの権威は下がるかもしれません。「そんなに失敗ばかりする効率の悪い研究につきあっていられるか」と怒り出す人たちもいるでしょう。でも、それを恐れて世の中を騙し続けていると、結局は学術界全体が自分で自分のクビを締めることになります。「選択と集中」で、効率よく役に立つ結果を出し続けることなど、およそ不可能だからです。

それに、研究者ではない一般の人々も、新しい挑戦には失敗がつきものだと経験的に知っているはず。たとえば料理だってそうでしょう。何度か「うーん、これじゃない」と失敗を重ねているうちに、だんだん理想の味に近づいていくものです。手芸や園芸といった趣味の分野でも、多くの人が同じような経験をしていると思います。それを思えば、研究者の仕事も似たものだと理解できるに違いありません。

しかも、失敗をくり返しながら成功にいたるストーリーは人々に好まれるものです。かつてＮＨＫで放送されていた『プロジェクトＸ』のような番組も、最初から計画どおりに効率よく「ハイ、できました」という話だったら誰も見ません。なかなか思ったようにいかず、遠回りをしてようやくゴールにたどり着くからこそ、そこには感動がある。焼き物の職人が、狙った色合いや風合いを出すのに苦労して、窯《かま》から取り出すやいなや「なぜうまくいかないんだ！」と作品を叩き割る姿を見て、「効率が悪いなぁ」などと笑う人はいません。

誰もつくったことのない物を生み出す作業とは、どんな世界であれそういうものでしょう。１つの成功の背後には、屍の山がある。ひとり学術研究だけが百発百中で無駄なくゴールに到達できると思うほうがどうかしています。

ですから研究者は、「頭のいい人」を演じる必要などありません。世間には「野蛮で頭の悪い命知らずな連中がいろんなことをやっている」と思ってもらえばよいのです。もちろん、それぞれの専門分野についてわかっていることは自信を持って発言すべきですが、何でもわかっているかのような印象を与えてはいけない。予測できない未来のことについては、「まあ、あいつらも一生懸命に研究しているんだから、いろいろいうことを参考にしておこうか」と、話半分に聞いてもらうぐらいでちょうどいいのではないでしょうか。「頭のいい人たちがいうのだから」と全面的に信用されるのは、お互いのためになりません。

日本の外に目を向けると、たとえば、いまの中国あたりの研究者は、かなり野蛮にいろいろなことにチャレンジしていることでしょう。「選択と集中」のような制約はなく、失敗を恐れずに次々と人跡未踏の荒野に踏み込むことが許される環境です。「とにかく誰もやっていないことを自分がやってやる」という野心に満ちた若い研究者が山ほどいて、しのぎを削っている。それこそ「アホ」かと思うような研究もたくさんあって、死《し》屍《し》累々《るいるい》だろうと思います。

いまは成功率が低いので、日本では中国の研究レベルを笑う人もいるかもしれません。でも、そうやって野蛮な研究を積み重ねて経験値が上がっていくと、次第に精度も高まっていきます。野蛮さの重要性を理解しない現状が続けば、日本に勝ち目はないでしょう。

「真理の探究」は犬にとってのオモチャである

もしそうだとすれば、日本という国の発展のためにも、失敗の多い野蛮な研究を誰もが

「当たり前」のものとして受け入れられる社会にしなければいけません。そのためには、どうすればいいのか。私はまず、学術研究は世の中の「役に立つ」ものだという先入観をいったん捨てることが大事だと思います。

この１００年間、たしかに科学は大いに社会の役に立ってきました。しかし多くの場合、その研究が役に立ったのはただの結果論。前述したとおり、現代人の生活に不可欠な電子や電磁波が発見されたとき、それが役に立つとは誰も思いませんでした。それを発見した科学者自身、「これが見つかれば人々の暮らしは良くなるに違いない！」と思って研究をしていたわけではありません。

たとえば電磁波は、電磁気学を確立したマクスウェルがその存在を理論的に予言していました。それを発見したヘルツは、マクスウェルの予言が正しいかどうかをたしかめたかっただけ。そのように、多くの科学的発見は、「自然界の謎を解き明かしたい」という研究者のモチベーションによるものです。世のため人のために役立てようなどとは少しも思っていません。

いえ、「結果的に役に立てばいいなぁ」くらいのことは誰でも考えるでしょう。でも、それはあくまでも副次的な話。とにかく「本当のことが知りたい知りたい！」という衝動に駆られて行動するのが科学者です。

そういう科学の目的のことをしばしば「真理の探究」などと呼ぶわけですが、私にはこれがいささか気恥ずかしく感じられてなりません。それこそアカデミズムの「権威」を強調するために、崇高なイメージの言葉を掲げているような気もしてしまいます。

もちろん、「本当のことを知りたい！」という知的好奇心があるのですから、たしかに「真理の探究」で間違ってはいないでしょう。でも少なくとも私の場合、そんな堅苦しい大義名分を掲げて研究をやっている感覚はありません。新しい研究テーマを見つけて、そこに踏み込んでいくのは、たとえば犬が新しいオモチャを見つけて闇雲《やみくも》にじゃれつくようなもの。「何これ面白そう！」という、ほとんど本能的な行動です。それを知的好奇心と呼ぶなら、犬や猫にも知的好奇心はあるといえるかもしれません。

もっとも、犬や猫と同じという話では「そんなことにカネを使えるか」といわれてしまいそうなので、「真理の探究」などといって崇高さを漂わせたい気持ちもわかります。どう考えてもすぐには何の役に立ちそうもない研究を認めてもらうには、そういう方向で価値を演出するしかないのかもしれません。

でも、そういう崇高さと野蛮さは、やはり相性がよろしくない。志の高い使命を帯びているように振る舞っていると、あまりアホで野蛮なことはできなくなります。宗教の教祖が信者の前で裸踊りなどできないのと同じで（そういう宗教なら別ですが）、崇高さを維持するためにはいろいろな制約が生じてしまい、自由に行動することが難しくなるでしょう。その結果、本当にやりたい研究ができなくなったのでは、本末転倒《ほんまつてんとう》です。

何の役に立つかは後でわかる

ですから、社会が研究者に良い仕事をさせようと思うなら、まず「役に立つ成果を出せ」というプレッシャーを（完全にはなくさずとも）弱めたほうがよいでしょう。さらに「すぐには役に立たないがこの研究には崇高な意味があるはずだ」という敬意も（完全に捨てる必要はないでしょうが）脇に置く。単純素朴で動物的な「何これ面白い！」という研究者の衝動を「まあ、あいつらアホやからしゃあないな」と受け入れることが、結果的には「役に立つ技術」や「深遠な真理」などの価値を社会にもたらすのです。

もちろん研究者自身も、自分の「何これ面白い」を大切にしなければいけません。さまざまな学問分野の中でもいちばん「役に立つ」ことを期待される工学でさえ、例外ではないと私は思います。

たとえば工学者がロボットの研究をしていると聞けば、誰でも「それはどんなことで人間の役に立つのか」を知りたくなるでしょう。ロボットをつくる以上、何かを人間の代わりにやってくれそうな気がします。でも、最初から具体的に「こういうことに役に立つ」とわかって始める研究ばかりではありません。何の役に立つのかわからないけど「面白い」と思えるロボットのアイデアはいくらでもあります。

そう思えたなら、使い途は思い浮かばなくても研究してみればいい。これまで存在しなかった新しい機能を持つロボットが完成すれば、その使い途が後から見つかることもあります。それを見つけるのは、開発者自身とはかぎりません。たとえば、ある新しいロボットを開発している研究者が、「ここにこういう機能を加えることができれば完成するんだが……」と、足踏み状態に陥って悩むことはよくあります。ほかの誰かが、単に「面白いから」と使い途もないままつくったロボットが、そこで役に立つというケースは決してめずらしくありません。誰も役に立つと思わなかったガラクタみたいな発明が、別の発明と出会うことで、大いに役に立つことがあるのです。

ただ面白いだけのガラクタでも、山ほどあれば人類にとって貴重な知的財産となる。ここは、面白いオモチャにじゃれつくだけで終わる犬とは違う人間らしいところです。これまでも人類は、そうやって「知的なガラクタ」の中から光り輝く有用な発明を生み出してきました。効率を求めてガラクタの山を減らせば、役に立つ発明も生まれにくくなってしまうでしょう。

「新しい」より「面白い」が大事

ところで、学術研究は新しい知識を得るのが目的ではありますが、最初からそこにばかり照準を合わせると、動物的な本能で動けなくなるおそれがあります。自分の好奇心より、「誰もやっていないこと」という前提条件が優先されてしまうからです。打算だけで新しいテーマを選んでも、自分自身がそれに大した面白さを感じていないのでは、良い研究にはなりません。荒野で道に迷ったり転んで怪我をしたりしているうちに、続ける意欲を失ってしまう可能性も高いでしょう。

逆に、すでに誰かがやったことでも、自分が「面白い」と思えるなら取り組む値打ちはあります。もちろん最終的には新しいものを生み出さなければいけませんが、研究の入口は既知のテーマでもかまわない。他人はとっくに知っているかもしれないけれど、自分にとっては「初めて」のことなら、本気で面白がれます。先行研究によってつくられた道をなぞるのではなく、自ら獣道をつくる姿勢で臨めば、道に迷っているうちに何か新しい方向性が見つかるかもしれません。

　たとえ新しい発見はできなくても、その研究を通して身につけた知見や経験は、次の「野蛮な研究」に必ず生きてきます。そもそも、誰もやっていない新しい研究テーマを自分のものにするのはそう簡単ではありません。とくに若い研究者にとっては、どの分野であれ「最先端」はかなり遠いところにあります。そこに到達するには、それなりの知識や経験が必要でしょう。それを手に入れるためにも、やはりまずは自分の「面白い」を大事にして、それを動物的に突き詰めていったほうがよいのです。

　理系から文系まで、学問にはきわめて幅広いジャンルがありますが、これはまさに人間の好奇心の多様性を表しているといえるでしょう。何を「面白い」と感じるかは、ほんとうに人それぞれ。前に火山学者と物理学者の違いをお話ししたように、かなり近い分野であっても、お互いに相手の研究を「それの何が面白いの?」と思っていたりします。

　私は「なぜそうなるのか」という理屈を知りたいタイプなので、自然現象を事実として記述したり分類したりする博物学的な分野には、興味を惹かれません。でも、たとえば趣味で切手を蒐《しゅう》集《しゅう》する人がたくさんいることを思えば、博物学を面白いと思う研究者がいることも理解できます。集めて、分類して、眺めているだけで、楽しい。学問は趣味とは違うので、そこから何か新しい発見がなければ困るのですが、入口の「何これ面白い」は切手蒐集も博物学も大差はないのだろうと思います。

また、私は理屈を知りたいタイプではありますが、抽象的な理屈だけで掘り下げていく分野にもあまり惹かれません。同じ物理学でも、目に見えない世界を扱う量子力学や素粒子《そりゅうし》物理学のような世界には、ちょっとついていけない。京大の理学部といえば、素粒子物理学でノーベル賞を受賞した湯川秀樹と朝永振一郎を輩出した伝統がありますから、憧れたこともないわけではありませんが、どうも目に見える実態がないとピンとこないのです。それもあって、身近に存在して実態が見える地球物理を選びました。

米国で知った科学観の違い

もっとも、同じ地球物理という分野で仕事をしていても、面白がり方は研究者によって違うことがあります。それを強く感じたのは、米国の大学で研究をしていたときでした。そのころ私が取り組んでいたのは、地球物理学のサブジャンルの1つである「地球流体力学」です。海洋学と気象学を合わせたような分野だと思ってもらえばいいでしょう。

もちろん、研究室で机を並べている米国人の研究仲間たちも、地球流体力学を専門にしています。でも、彼らの仕事には、何か自分と違うことをやっているような違和感がありました。この分野の何を面白がり、何を理解すれば満足できるのか。そこがよくわからなかったので、あるとき、こんな質問をしました。

「地球流体力学は、物理だと思う？　数学だと思う？」

返ってきた答えは全員、「数学」です。正直、ビックリしました。これは個人差ではなく、米国と日本の研究文化の差でしょう。日本の研究者に同じ質問をすれば、ほぼ１００％が当然のように「物理」と答えるはずです。

物理も数学も数式を使って考えるので、似たようなものだと思われるかもしれません。しかし、何をもって「理解できた」と思えるかどうかという点で、この両者には大きな差があります。実際、米国の研究者たちと私とでは、そこがまったく違いました。彼らは、自然現象を説明する数式を解いて答えが出れば、それで満足できます。でも私は、数式の解が出ても、さらに「なぜ？」と問いたくなる。数式による説明だけでなく、もっと目に見える自然現象に沿った形で「これがああなるから、そうなる」といった説明ができないと、わかった気になれません。

　これにはなんとなく文化的背景があるように思います。西洋人は全知全能の神様の存在を信じていて、すべての条件を一発で満たす解を見つけることこそ、神様に近づいた証であると思っているような気がします。それに対して私の発想は、世の中には八百万《やおよろず》の神がいて、どの神様も誰ひとりとしてすべての条件を完璧に満たすことはできない。すべての条件を満たすには、何人（？）かの神様が、お互いに妥協しながら（不満を持ちながら我慢して）すべての条件を満たすように組み合っているようなイメージです。

　私がなぜ、最初の答えが気に入らないかというと、私には全知全能の神様の心がわからないのです。だから、いきなりそのような答えを見せられても「なぜ？」と思ってしまいます。それより、不完全でも単純で親近感のわく神様がたくさんいて、その人間模様（神様模様？）で、世界が決まっているという説明のほうがはるかにわかりやすく感じます。もちろん、最終的には、どちらの説明もまったく同じ結果になるので、数学的には前者のほうがはるかにスマートで、単純に答えを求めるという見地でいえば、後者は回りくどくて無駄な操作をしています。しかし、一旦わかりやすい「構成員」を定義して、それらが相互作用する「社会」の仕組みとして理解するほうが私にはしっくりくるのです。さらに、このようにして理解した「社会の仕組み」は、構成員を変えれば、ほかの現象にも応用できるというメリットもあります。

そして、このような感覚は私だけでなく、どうやら、かなり多くの日本人研究者が（すくなくとも私の周りには）もっているようなのです。

身近なものに落とし込んで説明する

日本人科学者のそのような感覚の源流は、本章の最初に登場した寺田寅彦だったのではないかと思います。彼のエッセイには、しばしば身近な現象に対する考察が書かれています。たとえば、電車が駅に着いたとき、開いたドアからみんなが一斉に降りようとすると混雑が起きて動かなくなる。では、時間をかけずスムーズに降車させるにはどうすればよいか、といった話が出てきたりするのです。

これは、前章で少し触れた粉体力学にも通じる考察でしょう。瓶《びん》のような容器に小麦粉を詰めて、フタを外してひっくり返すと、どうなるか。ドサッと粉が落ちるかと思いきや、じつは出口のところで粉がアーチ状になって支えになってしまい、何も出てこないという現象が起こります。そういう物理現象を、誰もが知っている身近なシーンに見出す。それが寺田寅彦の発想であり、私はもちろんのこと、多くの日本人研究者がその影響を受けているように思います。

そういえば米国で地球流体力学の研究をしたときには、こんな論文を書きました。「不安定現象」に関する論文です。重い空気の層の上に軽い空気の層が重なると、上の層のほうが風速が速くなることで、ロールパンのような渦巻き状の雲ができることがある。それが、不安定現象です。

この現象を数学的に解くと（詳しい話は割愛しますが）答えの振動数に虚数《きょすう》が出てきたりします。２乗すると０未満（つまりマイナス）の実数になる、あの虚数。数学の抽象世界だけの概念のように思える虚数が、自然現象から出てくるのですから不思議な話ですが、虚数が出てくること自体が不安定のサインです。不安定現象を起こす前には、実数の振動数を持つ安定な２つの波が存在するのですが、それらの振動数が近くなると、なぜか振動数が虚数になって別のものに変化してしまう。数学的には、それ以上でもそれ以下でもなく、数式を解けばそうなるので、「こういう条件では、振動数が虚数になるので不安定になる」と説明されるのですが、私にはこの説明が気持ち悪くてたまりません。

だから、もっと腑に落ちる説明を考えました。専門的な部分は端折《はしょ》りますが、そこで私が使ったのは「ピアノの弦」です。２つの波が近づいて変化する現象は、ピアノの弦の振動とよく似ていました。ピアノはそれぞれの音程の鍵盤に複数の弦が張ってあります。調律師は、そのすべてが同じ周波数になるようには調律しません。微妙に周波数をずらすことで、ピアノらしい豊かな響きが生まれます。しかしふつうに考えると、周波数の異なる弦を同時に鳴らせば、その周波数の差がうなりを生んでしまい、きれいには響かないはず。そうならないのは、２つの弦が相互作用を起こして（つまり、お互いにちょっかいを出しあったり妥協したりして）減衰率（これが振動数の虚数部）が変化するからです。この時、２つの弦は、それぞれ自分が持つ最も自然な振動数ではなく、それぞれ妥協して２つの弦の中間の振動数で一緒に振動するようになります。そのかわり、２つの振動数でうなっていたときには、同じだった減衰率が２つ出現して、ピアノ独特の大きな音で早く減衰する「打音」と、小さい音で長く続く「余韻」を生み出すのです。そして、この数学的な形が前述の不安定現象そっくりなのです。

　論文を書き始めたとき、私はそのピアノの弦に関する記事がある雑誌に掲載されていたのを思い出しました。『日経サイエンス』です。それを資料として読みたかったので、ＭＩＴの図書館に行って、ピアノの弦の記事が載っている『サイエンス』のバックナンバーを探してもらいました。でも、どうしても見つかりません。

おかしいと思ってよく考えたら、『日経サイエンス』が提携しているのは『サイエンス』誌ではなく『サイエンティフィック・アメリカン』誌でした。それを図書館の人に伝えて、ようやく目当ての記事を入手。地球科学の図書館でピアノのことを必死になって調べていたので、図書館の人には「なんでそんなものが読みたいんだ？」とずいぶん怪訝《けげん》な顔をされたものです。

その論文を読んだ米国の研究者たちにも、「なんでこんな説明が必要なんだ？」と同じく怪訝な顔をされました。数学的には虚数解で答えが一発で求まるので、同じことをピアノの弦を持ち出して説明する私のやり方は、まどろっこしいとしか思えないのでしょう。すでに数学的に美しい解が得られているのに、なぜそんな余計なことをするんだ？　というわけです。

でも私は、そうやって身近で具体的なものに落とし込んで説明しないと気が済まない。これはもう、どちらが正しいという話ではありません。彼らと私とでは、何をどう面白いと感じるかというセンサーの質が異なるということなのです。

科学は王様や貴族の遊びだった

自分の話が長くなってしまいましたが、研究者にはそれぞれ自分なりの「面白センサー」があるからこそ、学術研究には豊かな多様性が生まれるのではないでしょうか。センサーが異なれば、研究テーマの選択だけでなく、研究の手法も多様になります。つまり、同じような荒野に踏み込んでも、探検するルートが違う。入口は同じでも、たどった道筋が違えば、出口で手にする成果もまったく違うものになるかもしれないわけです。

科学の成果、すなわち「面白いガラクタ」が多様なほど、それがめぐりめぐって社会の役に立つ技術につながる可能性は高まるでしょう。だから、社会は研究者たちの多様な「何これ面白い」を広く許容したほうがよいのです。

もちろん研究者の側は、自分が面白くてやっていることが、必ずしも世の中にとって新しい価値を持つわけではないことを自覚しなければいけません。個人の本能的な興味や衝動でやっていることなのですから、社会から税金をはじめとする貴重な資金を提供してもらうのは、実にありがたいこと。それをさも当然かのように権威ぶって、えらそうに振る舞うのは厳に慎むべきです。

ニュートンなどが活躍した時代の科学は、王様や貴族たちの遊びみたいなものでした。科学者はもちろん、パトロンとして資金を出す人たちも、それこそ犬がオモチャにじゃれつくように、新しい研究を面白がっていたわけです。仲間と集まってスポーツやゲームを楽しむときに、誰も「これは何の役に立つんだ？」とは考えないのと同じように、「万有引力の法則がわかったからって、何の役に立つんだ？」などという疑問は微塵《みじん》も生じなかっただろうと思います。

しかし現代の科学者を支えているのは、そうした小さなコミュニティではありません。社会全体から広範な支援を受けなければ、研究を続けるのは難しい時代です。その分、パトロンに恵まれたごく一部の人しか研究ができなかったニュートンの時代とは違い、多くの人間が研究者として生きていける社会になっています。その研究環境を維持し、より良いものに発展させていくには、「いずれ何かの拍子に役に立つかもしれない科学という遊び」の意義に共感してくれる人々をもっと増やす必要があるでしょう。

ところがこの30年間に行われた大学改革や科学技術政策の多くは、それを促すようなものではなかったどころか、むしろ逆行するものでした。序章で述べたとおり、文科省の求める「単位の実質化」は、既存の知識を教科書どおりに教えることを良しとするもの。これは、知識や情報の上流にいる学者の権威性を前提にしています。「何これ面白い」という衝動で野蛮に荒野を目指す研究者のイメージが、そこにはありません。そして、すでに指摘したとおり、役に立つ成果だけを引き出そうとする「選択と集中」政策も、学術研究の非効率な野蛮さを理解していない。研究者を「頭のいい権威」として認めてしまっているから、本来は予測できない未来を予測できるものと錯覚し、「当たり馬券」だけを買えるものだと思い込んでいるのです。

そして、大学改革の発端の1つだった教養部不要論も、その根底には、学術研究が本質的に非効率であり、したがって野蛮にならざるを得ないことへの無理解がありました。未知の荒野を野蛮に切り開いていくには、実は「教養」が欠かせません。それは一体、どういうことなのか。次章では、新しいものを生み出す上で教養が果たす意味や役割についてお話しすることにしましょう。

第4章
野蛮に生きるには教養が不可欠である

学部卒と院卒の違い

数年前、ある企業で研究開発をしている人から、こんな話を聞きました。若い社員たちには学部卒と修士号を取得した院卒の両方がいるそうなのですが、両者の間には「ずいぶん差があるものですね」というのです。

そういわれたら、誰でもまず思い浮かぶのは専門性の差でしょう。学部の4年に加えて、院卒は2年間も多く専門分野の勉強や研究をしているのですから、当然そこには大きな差がありそうです。

しかし詳しく聞いてみると、そうではありませんでした。学部卒と院卒では「大人度が違う」といいます。20代での2つの年齢差は大きいので、院卒のほうが「大人」なのは当たり前だろうと思いますが、どうやらそういうことでもないようです。

「学部卒の新入社員は、何か仕事を頼んだときに、1から10までちゃんと説明しないと、ちゃんとこなせないんです。でも修士課程の2年間を研究室で過ごした院卒の新入社員は、いちいち細かく説明しなくても、ざっくりした指示をすれば自分でいろいろ判断して動いてくれる。そこがものすごく違うんですよ」

これを聞いて「なるほど、そうだろうな」と思う一方で、「ならば30年前の教養部廃止は何だったのか」とも思いました。あのとき教養部が不要とされたのは、そこで教える内容が無駄だと思われたからです。産業界は専門的な知識や技術を持つ即戦力を求めているのに、大学は貴重な2年間を何の役に立つかわからない教養教育に費やしている。役に立つ人材を育てるには、そんなものは廃止して専門教育を充実させるべきだ――大雑把にいえば、そういう話でした。

ところが、その専門性をより高めてから社会に出たはずの院卒社員が評価されるのは、そこではありません。その企業の人も、私が「専門知識なんてどうでもいいんでしょ？」と聞いたら、「それは要らない」といっていました。それより、放っておいても自分で動いてくれる能力のほうが、会社にとってはありがたいのです。

そして私にいわせれば、その能力を身につけるうえで役に立つのが「教養」にほかなりません。何か難しい問題に直面したときに、解決のヒントや指針などを与えてくれる「引き出し」のような知識や経験。それが、教養です。そういう引き出しがたくさんあるほど、人は自分で考えて行動することができるのです。

大学の専門教育カリキュラムは、確立された学問体系に沿って、想定される問題に対処するのに必要な知識や経験を身につけさせるものです。しかし、たとえ研究職として企業に入ったとしても、組織の中で生きていくには、専門知識だけでは十分ではない。どんな種類の課題が与えられるかわからない会社の仕事で役立つような能力――「会社員」としての能力――は、専門課程ではあまり身につきません。つまり、企業が求める即戦力を育成するために、教養を軽視して専門のカリキュラムを重視した大学改革は、実のところ結果的には企業のニーズに合っていなかったという皮肉な結果を生んだのです。

大学院の修士課程になると、自分の研究課題に取り組む中で、いろいろと想定外の問題が出てきます。それを解決するには、専門外のことも調べる必要がある。そうやってあれこれ自分で工夫して研究を進めるうちに「引き出し」が増え、上からの指示や説明がなくても自分で判断する力が身につくのです。

私自身、教養部が廃止されて総合人間学部と人間・環境学研究科ができて以降、学部でも大学院でも、教養部的な発想を重視してきました。私が研究している地球科学に関する専門の講義は、すでに理学部などで開講されています。総合大学たる京大の学生ならその講義を聴くことができますから、わざわざ私がもう1つ同じような講義をする必要はありません。それより、学生が自分のやりたいことを自分で決めて、それをどう実現するか考えて行動することを手助けするほうが、よほど意味があります。そのためには、学生の研究テーマは私の（狭い意味での）専門でないほうが都合がよいのです。

実際、私にはよくわからないテーマをやりたいという学生には「しかるべき先生の講義をちゃんと聴いて、僕にわかるように説明できたら、単位をあげる」といってきました。もはや、専門知識をもって学生に対して優位には立てません。彼らは一緒に勉強する仲間です。しかし、道なき道を進む野蛮な力は決して学生には負けない自負があります。

いざというときに自分を助ける武器になる

「教養のある人」と聞くと、多くの人は、いろいろな分野について豊富な知識や見識を持つ「物知りな人」を思い浮かべるでしょう。たとえばパーティのような場で会話を楽しんでいるとき、古典文学の話題でも、音楽や美術の話題でも、あるいは自然科学の話題でも、それについての知識を披露し、うんちくを傾けることができる人。それが「教養人」の世間的なイメージだと思います。

そういう「物知り」はかっこいいですし、周囲の尊敬も集めるでしょう。「知識の上流」にいる学者が、権威として崇《あが》められるのと同じです。でも、その博識が何かの役に立つかといえば、さほどでもない。話が面白くて人を楽しませてくれるけれど、少なくとも企業が即戦力として欲しがるタイプの人材ではありません。

教養という言葉には、そんな通俗的イメージがつきまといます。それも、かつて教養部不要論が説得力を持った理由の1つでしょう。そんな趣味や社交の世界の人気者になりたければ、勝手に自分で勉強すればよろしい。わざわざ大学でそんな人間を育てるのは無駄でしかない、というわけです。

しかし教養とは、「へえ、そうだったんだ、面白い！」と人を喜ばせるだけのクイズ番組みたいな雑学ではありません。たしかに、すぐには役に立たないし、もしかしたら最後まで役に立たないという意味では、ガラクタみたいなものではあるでしょう。その点では、研究者の「何これ面白い」から始まる研究の成果と同じです。

でも、単に「面白い」から始まった研究が、ひょんなことから思いがけない有用性を持つことがあるのと同じで、教養もいざというときに自分を助けてくれる武器になる。だからこそ、研究者を育てる大学には教養課程が必要なのです。

ちなみに、かつて大学の教養部で教えていたのは、専門と無関係な知識だけではありません。一般教養とは別に「専門基礎科目」という枠組みがあり、学生がいずれ進む専門課程ごとに必修に近い形になっていました。もちろん、そちらも専門的な研究を野蛮に進めていくうえでの武器になります。

前に、研究者の「何これ面白い」は、犬がオモチャにじゃれつくのと変わらない本能的なものだという話をしました。しかしそうはいっても、人間はほかの動物とは違います。本能的な直観にしたがって踏み込む荒野を選ぶのは重要ですが、そこで何の知識もないまま怪我をせずに歩いて行けるほど、人間は本能が発達していません。ピュアな野性だけの勘に頼って行動すれば、さまざまな危険を回避することはできない。そこを動物にはない理性や知性でカバーするのが、人間の人間らしいところです。

寺田寅彦が書いたとおり、科学は「死骸の山の上に築かれた殿堂であり、血の川のほとりに咲いた花園」ではありますが、そうはいっても、なるべく血は流したくありませんし、死にたくもありません。失敗を恐れずにアホなことをやるべきとはいえ、誰でも予測できる範囲のことを知らずに死ぬのは、アホというより愚かです。人跡未踏の荒野には危険な地雷も埋まっていますが、ある程度の基礎知識があれば、それがどこに埋まっているかを多少なりとも見通すことができるでしょう。それによって、失敗がもたらすリスクを減らすことはできるわけです。

「目的のないもの」を嫌悪する風潮

教養部で教えていた専門基礎科目が専門課程で役に立つことは、誰でも想像がつくでしょう。それは、カリキュラムの目的が明確だからです。

たとえば、いずれ理学部で物理学を専攻するなら「物理学基礎」、法学部なら「法学概論」のような教養科目は、何のために学ぶのかという目的がわかりやすい。それを「無駄だ」という人はまずいないと思います。

それに対して、いわゆる一般教養科目は、何のために学ぶのかが不明確でよくわかりません。たとえば法学部の学生が「経済学概論」みたいな科目を受講するのは、同じ人文科学系なのでわかる気はします。専門課程でもいくらか役に立ちそうに思えますが、法学部で「生物学基礎」となると、「それはキミに必要なのか?」と聞きたくなる人もいるでしょう。

近年の日本社会には、そういう「目的のはっきりしない行動」を嫌悪する風潮があるように感じます。ゴールに向かって効率よく物事を処理していける人が高く評価されるので、そもそも目的がないことに意味が感じられないのかもしれません。

学生たちを見ていても、「目的を持たなければいけない」という強迫観念の持ち主が多いようです。たとえば新しい課題を与えたときなど、「これは何のためにやるのか」を知りたがる。こちらは単に「面白そうだから、ちょっとやらせてみよう」と思いついただけだったりするのですが、そんな説明ではなかなか納得してくれません。

また、半期や通年の講義が終わりに近づくと、最後に提出するレポートの課題や試験の範囲などを教えてほしいという要望が、学生からたくさん来ます。与えられる課題に向かって、しっかりと準備をしたいからだそうです。やはり、つねに目的を持って行動したいのでしょう。「明確な目的を持って、それを達成するための努力をする」ことを美徳とする価値観が、強く刷り込まれているのかもしれません。

もちろん、目的に向かって努力するのはすばらしいことです。しかし昨今は、自己啓発などを勧める人々の影響もあるのか、「目的を持たない人間は成長しない」とか「目的をはっきりと示さない人間はリーダーとして失格だ」といった真面目な雰囲気が必要以上に蔓延しているように感じなくもありません。

だから学生たちも、目的が見えないと何をしていいかわからず、落ち着かない。目的を示してくれない私のような大学教員は許し難い、と思ってしまうのかもしれません。

しかし私は、課題や試験範囲を教えてほしいといわれても、「まあ、そんな無茶ぶりはしないから、心配しないで、とりあえず楽しんで聞いてなさい」などと適当にはぐらかします。

「そんなことばかり心配していたら、人生は楽しくないよ」といったこともありました。こちらが面白いと思って教えていることを、楽しんで勉強してくれれば、レポートでも試験でも決して悪い結果にはならないという思いもあります。その面白さを共有せずに、課題や試験範囲などのターゲットを絞り込んで、良い点を取るだけのために努力をされても、あまり意味があるとは思えません。

板きれや棒が役に立つこともある

教養は、目的のよくわからない勉強の最たるものです。だからこそ、「専門知識を持った役に立つ即戦力を育てるべし」という大学改革の考え方とは、相容れませんでした。明確な目的を定めて、そのために必要な手段を講じることに合理性を見出す風潮の中で、大学の教養科目ぐらい無駄なものはなかったでしょう。

もし、目的に向かって努力をして必ず報われるのであれば、それでもいいのかもしれません。しかし、この世界はそういうふうにはできていない。むしろ、いくら合理的な努力を重ねても、思うような結果が出ないことのほうが多いでしょう。

努力の過程では、予期しなかった偶発的なトラブルなどがしばしば発生します。身も蓋《ふた》もないい方をすれば、努力の結果がどちらに転ぶかは運不運に左右される。目的達成に必要と思われる努力を完璧にこなしても、運が悪ければ失敗します。逆に、目的意識も何も持たずに生きていても、運が良ければ成功するのが人の世です。

　そういう不確実な世界を生き抜くには、どんな道具が必要なのか。設定した目的に適《かな》った道具だけを揃えても、不測の事態には対応できません。そんなときに武器になる可能性を秘めているのが、目的もなしに身につけていた教養です。

　たとえるなら、それは何の使い途があるのかわからない板きれや棒みたいなもの。どこの家にも、そんなガラクタが物置などの中に転がっているのではないでしょうか。「椅子を作ろう」とか「棚を作ろう」といった明確な目的を持って日曜大工を始めるときは、そのために必要な材料や工具などをホームセンターで揃えるので、そんなガラクタの出番はありません。

　でも、急に家のどこかが壊れて応急手当が必要になったりすると、慌てて「なんか板みたいなものはないか？」「どこかで棒を探して持ってこい！」という話になるものです。物置でそれを見つけると、「おお、すばらしい！　これ、ちょうどいいじゃないか！」などと、ガラクタに心からの感謝を捧げることになる。そんな経験が誰にでもあるのではないでしょうか。

また、もともとの用途がはっきりした道具を、違う目的で使用することもあります。というか、使い途のわからない板きれやただの棒も、もともとは何かの部品として役に立っていたのでしょうから、応急手当に使うのはいわば目的外使用といえるかもしれません。

私の場合、第2章でお話ししたとおり実験に使う道具をしばしば自作するので、そんなことは日常茶飯事。たとえば、ある研究で川の水の温度を測定する必要に迫られたときは、安い弁当箱を買ってきて代用しました。測定器を入れて川に沈めるので、防水性の高い容器がほしかったのです。ふだん、あまりそういう目では見ないので気づきにくいのですが、弁当箱の防水性は相当なもの。「こんなに防水性の高い実験道具がこの値段で買えるとは！」と感激しました。

ちなみに、その測定器を入れた弁当箱を川に沈めるには錘《おもり》も必要でしたが、弁当箱にぴったり合うサイズの錘など、そう簡単に見つかりません。でも、ちょっと研究室の中を見回したら、いい具合の鉛《なまり》の板が転がっていました。以前、何かの実験のために、鉛の塊を自分で溶かして板状に成形したものです。

「おお、これ、ちょうどいいじゃないか」

まさに、応急手当に使える「謎の板きれ」を物置で見つけたのと同じ心境です。さっそく

弁当箱にぴったりのサイズで詰めた鉛の塊

弁当箱のサイズに合わせてそれを切断し、錘として装着しました。前の実験以外に使うことがあるとは思っていませんでしたが、そんなガラクタでも捨てずに取っておくと、思いがけないところで役に立ってくれるのです。

「ガラクタ」をどれだけ持っているか

こういうガラクタは、目的が不明確なほど大きな可能性を秘めているといえるでしょう。弁当箱は目的外使用ができましたが、「弁当を詰め込む箱」という目的のためにつくられているので、そんなに幅広い用途はありません。ただの板、ただの棒、ただの鉛の塊など、目的がさっぱりわからないガラクタのほうが、汎用性が高い。目的を持ってつくられたものは頑固で融通が利きませんが、鉛の塊みたいなものは、柔軟にこちらのいうことを聞き入れてくれます。

学ぶ目的のはっきりしない教養は、そういう柔軟性を備えた「汎用性の高いガラクタ」みたいなものだと思えばいいでしょう。そんなことを知って何の意味があるのかわからない知識をたくさん持っている人こそ、私から見れば「教養のある人」です。

もっとも、ガラクタをたくさん持っているだけでは意味がありません。鉛の塊を溶かして成形したり、弁当箱を別の目的に使ったりするためには、一見すると役に立たないものに意味を見出すセンスが必要です。

教養も同じ。ときどき「歩く百科事典」などと呼ばれる博覧強記《はくらんきょうき》の人がいますが、それはそれですごいとは思うものの、もはやグーグル検索にはかなわないでしょう。その知識量に大した意味はありません。どこに価値があるかわからない膨大な知識を組み合わせて、新しい価値や意味を見出すことができるのが、真の教養人だと思います。

昔はそれこそグーグル検索などなかったので、論文を書くにも「汎用性の高いガラクタ」のような知識が欠かせませんでした。結論を導くのに必要な知識や情報を大量に集めるのは難しいので、自分の手元にあるガラクタ知識を寄せ集めて、論理が飛躍しそうな部分を埋めたりする。それこそ、物置の板きれや棒で応急手当をするのと変わりません。でも、そうやって書かれた昔の論文には、豊富な情報環境の中で書かれる現在の論文にはない味わいがあります。

いまどきの論文は「この目的のためにこういう実験をやりました。その結果はこうでした」と最初から最後までストレートに進んでいくのでわかりやすいといえばわかりやすいのですが、どうも面白味に欠ける気がしてなりません。その点、昔の論文は「なんでここでこんなことを考えたんだ？」と、読んでいて首をひねることがよくあります。

しかしその時代背景を考えると、その理由がわかる。いまなら誰でも当たり前に知っている情報や技術が使えなかったので、よそからガラクタを見つけてきて使ったんだな、と思うと、その工夫が愛おしい。本人にとっては窮《きゅう》余《よ》の一策だったのかもしれませんが、私はそういうところに研究という営みの面白さを感じてしまいます。

「カオス理論」はどこがすごいのか

ここで、私の好きな論文を１つご紹介しておきましょう。気象学者のエドワード・ローレンツが１９６０年代に書いた、いわゆる「カオス理論」の論文です。理学部の学生時代、海洋物理学のゼミで「それぞれ自分が面白いと思う論文を読んで紹介しなさい」という課題を与えられたときに、私はこれを初めて読んで内容を発表しました。

「それはもう古いし、海洋物理と関係がない」

と先生に文句をいわれましたが、そんなことは知りません。気象学なら海洋物理とまったく無関係ではありませんし、初めて読んだ当時の私にとっては十分に新しい論文です。しかも、先生や先輩も含めて、ゼミの参加者は誰もその論文を読んだことがなかったのです。

それはともかく、これは現在の科学全般にきわめて大きなインパクトを与える研究でした。前著『京大的アホがなぜ必要か　カオスな世界の生存戦略』（集英社新書）で詳しく紹介したので、興味のある方はそちらを読んでいただきたいのですが、ともかくローレンツの発見は、近代科学が信じてきた決定論的な世界観を根底から揺さぶるほど重大なものだったのです。

「ブラジルで一匹の蝶が羽ばたくと、テキサスで竜巻が起こる」

ローレンツの名前は知らなくても、彼のこの言葉を知っている人は多いでしょう。気象の正確な長期予報が可能かどうかを研究したローレンツは、それは原理的に不可能だという結論に到達しました。気象を予測するための方程式に代入する初期値に含まれるほんのわずかな誤差が計算結果を大きく左右してしまうことがわかったからです。誤差をなくすことは原理的に不可能なので、正確な気象予報はできない。そのことを表現したのが、先の言葉です。

これはのちに「バタフライ効果」と呼ばれるようになりました。

さて、それを突き止めた論文で面白いのは、ローレンツが問題を極端に簡略化して計算を行っていることです。当時はパワーのあるコンピュータが高価でなかなか手に入らない時代。お金のないローレンツには小さなコンピュータしか買えず、あまり複雑な計算はできなかったのでしょう。

気象という現象には無数の変数があるので、それをすべて方程式に入れるときわめて複雑な計算になります。ところがローレンツは、たった３つの変数だけを方程式に入れました。地球の自転が大気に与える影響も、大気に生じる細かい渦も無視。計算の対象にしたのは、下で温められた大気が上昇し、上で冷やされた大気が下降するという単純な対流だけ。具体的には、上と下の温度差、対流の強さ、その対流によって生じる温度のムラという変数だけを使って計算したのです。

これは、まともな気象学者なら「そんな大雑把な計算に何の意味があるんだ」とあきれ果てるような、まさに「野蛮」な手法でした。その野蛮な計算によって描き出されたのが、「ローレンツ・アトラクター」と呼ばれる有名なグラフです。

ここでは、ちょっとずつコースを変えながら渦巻きのように回るグラフの線が、すべて方

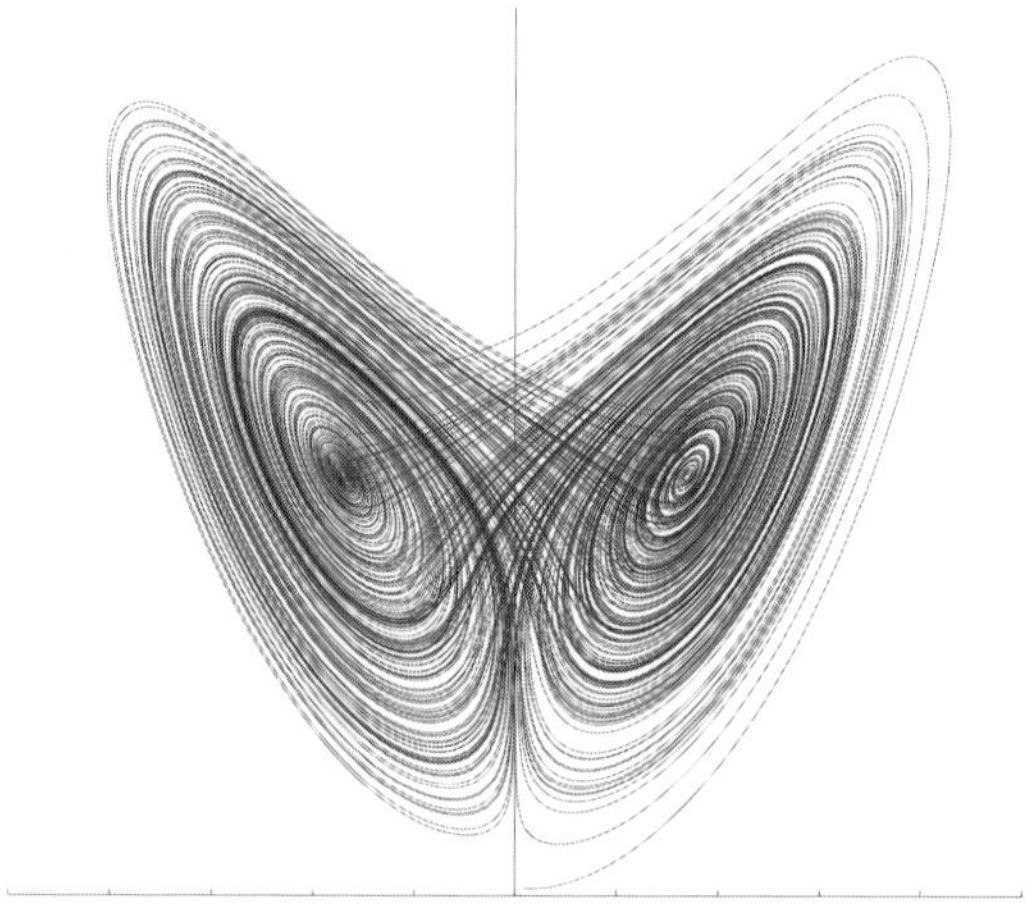

図　ローレンツ・アトラクター

程式の解を表しています。このぐるぐる巻きは、すでに引かれた線と線の隙間を埋めるようにして永遠に続くので、ある解のすぐ隣に別の解があります。しかし、そのすぐ近くにある2つの解の間の距離は、時間とともに開いてあっという間に無関係になってしまいます。つまり、蝶の羽ばたきほどの小さな違いが、すぐに大きな違いに成長してしまうのです。

しかも、それは気象予測だけにかぎった話ではありませんでした。ローレンツの計算はシンプルな数学モデルによる抽象的なものなので、あらゆる現象に通じる普遍性がある。つまり、あらゆる自然現象について「未来の予測は不可能」であることを示したのが、ローレンツの「カオス理論」だったのです。私は前章で、未来は誰にも予測できない（だから選択と集中で当たり馬券だけ買うことなどできない）などと書いてきましたが、それもこのカオス理論に基づいています。

その結論は、未来は予測できると信じていた科学の世界にきわめて強い衝撃を与えました。しかも、その結論を導き出した研究プロセスもかなり衝撃的です。ものすごく簡略化した計算から、この美しいグラフが得られたことには、驚かざるを得ません。なぜ、ローレンツにはこんなに大胆なことができたのでしょうか。

ローレンツの解析は、トポロジー概念の発見や「ポアンカレ予想」などで知られるフランスの数学者、アンリ・ポアンカレのアイデアに基づいています。実は、ローレンツはもともと数学者だったので、ポアンカレの業績についてよく知っていたのだと思いますが、それは当時の気象学者からすれば、何を言っているのかまったくわからない代物、つまり、役に立たない「ガラクタ」にしか見えませんでした。実際、気象学の雑誌に投稿されたローレンツの論文は当初まったく無視され、しばらくしてから、その存在を数学者に「発見」されて、一躍有名になりました。「ガラクタ」呼ばわりしては偉大な数学者に失礼かもしれませんが、これもまた汎用性の高い知識だったわけです。

そしてローレンツには、その知識の汎用性を理解するセンスがありました。これこそが、教養の力というものだと私は思います。

専門的な知識は筋肉、教養は脂肪

そういえば、学生として京大の教養部に入った当初、「アホなことせい」のほかにも、こんなことを先生にいわれて面食らったことがありました。

「真面目に目的なんか持ったらアカン」

これも、高校までの教育と大学教育の違いを思い知らされた言葉の1つです（ほかの大学と京大の違いともいえるでしょうが）。高校の先生が生徒にこんなことをいったら、保護者が怒鳴り込んでくるかもしれません。

当時の私は「またわけのわからんことを」と思っただけでした。しかしいま思えば、これは教養の何たるかを教えるものだったのでしょう。学生たちはそれぞれ「卒業後はこういう仕事がしたい」という目的を持って、大学に入ってきます。その目的意識そのものは、もちろん、否定されるべきものではありません。でも、その目的に向けて努力することだけを考えていると、勉強の幅が狭まってしまいます。目的の達成から逆算して、必要なことだけを効率よく身につけようとするからです。すると、教養がおろそかになる。しかし教養がない人間は、自分の目的を実現するための武器を十分に持てません。

だから、目的に向かう力を養うためには「真面目に目的を持ったらアカン」という逆説が成り立ちます。たとえば医学部の学生にとって、日本の古典文学を解説する授業は時間の無駄にしか思えないかもしれません。人生の目的について真面目に考えれば考えるほど、「そんな勉強をしている暇はない」という気持ちにもなるでしょう。

でも、目的に沿った専門的な知識が「筋肉」だとすれば、教養は「脂肪」のようなものです。現代社会は栄養過多の時代になったので、脂肪は「贅肉《ぜいにく》」などと呼ばれて嫌われますが、もともと人間にとって（というか生き物にとって）無駄なものではありません。目の前の獲物を倒したり、畑を耕したりするには筋肉が多いほうが有利ですが、ひとたび飢饉《ききん》に襲われれば、筋肉だけでは生き残れない。たっぷりと脂肪を蓄えている個体のほうが、飢えをしのいで長く生きられます。

どんな分野で仕事をしていくにしろ、人生は長い。筋肉のような知識だけで戦い続けるのは困難です。脂肪過多になってはいけませんが、体脂肪率を下げすぎるのもよくありません。いざというときの備えとして、教養という脂肪を蓄えておくべきです。

なにしろ明確な目的がないので、何を教養として身につければいいのか迷う人もいるでしょう。しかしそれも、脂肪と同じように考えればよいと思います。美味しそうだと思える食べ物は、たいがい脂肪がつきやすい。肉やケーキなど、健康面を考えると控えたほうがよいとわかっていても食べたくなるものです。人間には食べ物について「美味しい」と判断する能力が本能的に備わっています。知識に関しては「面白い」という本能的感覚がそれに相当すると思います。

「筋肉をつける」「骨を強くする」「健康状態を改善する」といった目的の明確な食事は、栄養素や摂取量を吟味して選ばなければいけません。「美味しい」という本能だけに従っていたら、ちょっと困ったことになります。これは「面白い」だけでは済まない専門分野の勉強と似ています。しかし、これらの本能を完全に我慢してしまったら、何が起こるかわからない世の中を生きていけません。「美味しい」とか「面白い」という本能は、カオスの世界を生きていくために、我々生物に備わっているものなのだと思います。

社会に出たら脂肪を蓄える暇はない

私自身も、学生時代は真面目に目的を持たず、あれこれと手を出しました。自分で決めていたのは、何かと出会って「え？」と引っかかりを感じたらスルーせず、その直観にしたがって手を出してみよう、ということです。

その「え？」の中身はいろいろあります。たとえば書店で見かけた本を手にとってパラパラめくり、「え？　この人はなんでこんなことを考えたんだ？」と引っかかりを感じたら、とりあえず読んでみる。教養科目を選ぶときも、シラバスを見て「え？　この先生はいったい何がしたいんだ？」と謎めいた印象を受けたりしたら、受講してみるのです。

意味や理由はわからなくても、とにかく何らかの引っかかりを感じた時点で、多少なりとも興味が湧いていることは間違いありません。なぜそれに興味を惹かれるのかは自分にも説明できませんが、そういう野性な勘のようなものを信じようと思っていました。

あえてそれを自分のやり方として決めたのは、一方で「真面目な目的」を意識してしまう自分がいたからです。何か新しいことに手を出そうとすると、頭の中でもうひとりの自分が「それに何の意味があるんだ？」「そんなことを知ったからって何の役に立つんだよ」などと囁《ささや》いてくる。そういう理屈っぽい自分を頭の中から排除するために、意識的に自分の「え？」という感覚を大事にしようと思いました。

ですから、いまの学生たちが「目的」にこだわる気持ちは、私にもわかります。人間は理性を持つ動物ですから、放っておけば目的を意識するし、そのための計画も考えるでしょう。野生動物とちがって、人間にとってはそれが自然な行動ともいえます。

でも、そこであえて理屈を脇に置き、自分の行く道を動物的な直観に委ねてみる。大学は、そういう野蛮が許される場所です。

かつて大学は、「レジャーランド」と揶揄されたほど、学生たちが遊びまくる場所でした。それが問題視され、教養部の廃止や単位の実質化などの「真面目化」改革が進められたわけですが、たしかに「レジャーランド」は問題だったとはいえ、真面目に目的を持つだけでは大学が大学である意味はありません。

しかも大学を卒業して社会に出て行けば、ひたすら「目的の達成」を求められる日々が始まります。目の前の課題をこなすための「筋肉」のような知識や技術を身につけることに追われるでしょう。いざというときに必要な「脂肪」としての教養を身につける余裕はほとんどなくなります。

したがって、脂肪を蓄えるなら、大学時代がいちばん。放っておけば「レジャーランド」にもなってしまうほど時間に恵まれる大学だからこそ、何の役に立つかわからないガラクタ集めを楽しむことができるのです。

第5章

大学を野性と理性の「動物園」にせよ

理想論の対立が「分断」を招いた

大学教育や学術研究に対する理解を深めてもらうために、私自身の体験も交えながら、ここまでいろいろな話をしてきました。日本の大学のあり方について広く議論していくには、まずはアカデミズム全体を厚く覆っている「権威」のベールをいったん剥ぎ取って、素顔の大学、等身大の学術研究の姿を多くの人が理解することから始めなければいけないと思っていたからです。

日本の大学がいまのままで良いと考えている人は、ほとんどいないでしょう。いまのところ自然科学系のノーベル賞受賞者は頻繁に出ていますが、その大半は大学改革が始まる前に手がけられた研究です。いまは学術研究全体の業績や活力が低下しつつあるため、今後は日本人のノーベル賞受賞がどんどん難しくなるだろうというのが大方の予想。もちろん、ノーベル賞だけが大事なわけではありませんが、その国の学術パワーを示す1つの指標になることは間違いありません。

いずれにしろ、日本の学術研究がパワーを失いつつあるという問題意識は、広く共有されています。だから多くの人が、何とかして大学を活性化して、学術研究の業績を高めたいと思っている。しかしその改革の方向性については、「分断」が起きているといっても過言ではないほど、一致が見られません。

とりわけ大きな分断が見られるのは、学術界と産業界のあいだです。これまでも何度か言及しましたが、産業界はとにかく「役に立つ即戦力の人材」や「イノベーションにつながる役に立つ成果」がほしい。会社が「社員のもの」から「株主のもの」になったことで、短期的な結果を求められるようになったこともあるのでしょうが、いまは多くの企業が、自ら長期的な人材育成や研究開発を行う余裕を持てません。だから、大学にその役割を担うことを期待しているのです。

それに対して学術界には、もともと「産学協同《さんがくきょうどう》」を忌み嫌う風潮が多かれ少なかれありました。企業との連携に積極的な研究者もたくさんいますが、「企業の利益のために研究しているわけではない」「学問にはカネに代えられない価値がある」などといいたがる傾向が、学者にはあります。その立場を守るために「真理の探究」や「学問の自由」といった高尚に響く言葉を掲げたりもするわけです。最近では産学協同に対する抵抗はかなり小さくなってきましたが、大学は産業界より「高尚」な世界であるという意識は根強くあると思います。

どちらも、それぞれの立場からのピュアな主張ではあるでしょう。産業界は役に立つ（つまり儲かる）ものを最優先するのが当然ですし、学術界にとって「役に立つ」は副次的なものです。前者は「役に立つ」を目的にすべきだと考え、後者は「役に立つ」のは幸運な結果にすぎないと考える。でも、お互いがそういうピュアな理想論を主張し続けていたのでは、話はいつまでも平行線で、接点は得られません。

「学問にはカネに代えられない価値がある」といっても、現実的には、まったく経済的な価値を生み出さない大学がこの社会で存在し続けられるはずがないでしょう。企業も、常に直接的な利益を生むものだけにコストをかけるわけではありません。お金にならない社会貢献活動に出資することで、企業イメージの向上を図ったりもしています。

ところが両者とも、そういう現実を脇に置いて、ピュアな建前をなかなか取り下げません。一連の大学改革の中には、その弊害が顕著に表れたものがありました。いわゆる「大学院重点化」政策がそれです。

大学院重点化の目的

大学院生を増やす大学院重点化政策は、教養部の廃止と同様、１９９０年代初頭から始まりました。文部科学省の学校基本調査によると、国公私立を合わせた大学院の在籍者数は、重点化に着手する前の１９８５年度は６万９６８８人。それが20年後の２００５年度には25

万４４８０人と、およそ３・５倍にまで増えています。博士課程の在籍者は、１９８５年度が２万１５４１人だったのに対して、２００５年度は７万４９０７人になりました。その中から、毎年１万５０００人もの「ドクター」を世に送り出す状況になったのです。

前にも少し触れたように、これが「高学歴ワーキングプア」とも呼ばれる不幸なポスドクを大量に生み出しました。それも当然で、そもそも大学には増加したドクターを受け入れるだけの終身雇用ポストなどありません。それは最初からわかっていた話ですから、彼らを受け入れるとすれば企業しかなかったのです。

ところが企業はドクターの雇用に消極的。ある調査（２００７年度「民間企業の研究活動に関する調査報告」）によると、主要企業の６割は博士をほとんど（もしくはまったく）採用しておらず、７割以上が「そもそも博士を採用する必要がない」と答えたそうです（元村有希子「大学院重点化は一体なんだったのか」）。

では、そもそも文科省は何のために大学院重点化を打ち出したのでしょうか。博士を増やしたからといって、大学の終身雇用ポストを急に増やせないことはわかっているのですから、「研究者の養成」が目的だったはずはありません。実際、文科省はそうはいっていませんでした。掲げていた大義名分は国民の「生涯学習」の促進です。

しかし、生涯学習といっても、大学院はあくまでも研究の場。学校教育をいったん終えた社会人が、カルチャーセンターに通って外国語や古典文学などを趣味レベルで学び直すようなものと同列には語れません。

たしかに、定年後の高齢者が大学院に入り直すようなケースもあるでしょう。しかし、少なくとも30歳前後で博士号まで取得する人たちの大半は、身につけた研究のノウハウや知識を自分のキャリア形成に活かしたいと考えるはずです。単に「社会に出てからも勉強を続けて自分を磨くのは楽しい」といった話で済むはずがありません。

文科省も、それは当然わかっていたでしょう。学位を取得した20代の若者たちに「行き先」が必要になることは、誰がどう考えても明らかです。大学が受け入れられない以上、それは企業しかありません。

たとえば米国では、博士号を持つ人たちが好待遇で企業に迎え入れられ、その能力や経験を活かした仕事をしています。大学院重点化を打ち出したときの文科省には、日本にもそういう企業文化が広まることへの期待があったのではないでしょうか。

日本企業にもあった野蛮な研究文化

だとしたら、その方針自体は決して悪くなかったと私は思います。博士課程レベルの本格的な研究を経験した人たちが、さまざまなジャンルの企業の第一線で働くようになれば、社会の経済と学術の両方が活性化されるでしょう。

ところが実際には、企業が博士号取得者を積極的に雇用する流れは生まれませんでした。つまり、企業はそういう人材に魅力を感じていない。前にお話ししたとおり、私が話を聞いた企業の人も、修士号を持つ社員を「専門性」では評価していませんでした。学部卒よりも自分で判断して動いてくれるところが良い、という視点からでした。

修士課程までで社会に出た人間は、専門性もまだそれほど高くないので、そういう評価でもあまり不満は感じないでしょう。しかし博士号まで取得した人間となると、自分の専門性を活かして勝負したいという気持ちが強くなります。企業のほうは、実はそれが邪魔くさい。大学に求めていた「即戦力」とは、せいぜい「自分の頭で考えられる人材」でしかありません。高い専門性を持つ人材は、むしろ会社のいうことを素直に聞きそうもないイメージがあるので、敬遠されるのです。

どうして、博士はそんなイメージを持たれてしまうのか。本書の読者諸氏には、もう、いうまでもないかもしれません。「産学協同」的なあり方を嫌い、知の上流に鎮座する権威として振る舞いたがる学術界全体の姿勢が、その根っこにあるのだと思います。高尚な「真理の探究」や「学問の自由」を会社に持ち込まれたのでは、役に立つイノベーションなど起こせないだけでなく、会社の生産性さえも低下してしまう。そんなふうに感じるのではないでしょうか。要するに、アカデミズムがまとっている空気は、日本の企業風土との相性が悪いのです。

　しかし私がここまで指摘してきたとおり、アカデミズムが醸し出す高尚な雰囲気は、実のところ上辺だけのものにすぎません。実態を見れば、寺田寅彦のいう「頭の悪い人たち」が血を流し、屍を積み重ねながら、のたうち回るように研究を行っている。もし、大学院重点化政策を始めたときに、大学と企業の間で「学術研究とは野蛮なものだ」という認識が共有されていたら、その後の流れは違うものになったかもしれません。

　かつて、社内での研究開発に大きな資金を投じる余裕のあった日本企業には、野蛮な研究文化があったはずです。「面白い」と思ったら、失敗をおそれずにとにかくやってみる。ソニーやホンダなど、革新的な製品を生み出した企業は、決して「選択と集中」で効率よくイノベーションを起こしたわけではないでしょう。無駄が出るのは承知のうえで、野蛮なチャレンジを重ねていたに違いありません。

ですから、文科省や大学側が「野蛮な研究マインドを持つドクターを産業界にどんどん送り込みます！」とアピールすれば、企業側もその雇用を積極的に考えることができたのではないでしょうか。いまは社内の研究開発自体が縮小しているとはいえ、野蛮さを好意的に受け止める企業は少なくないはずです。

ところが大学側には「野蛮な研究者」を育てているという自覚がなかったために、大学院教育の専門性の高さばかり強調してしまいました。そのため企業側も野蛮な人材を採用することのメリットに気づかず、「専門性が高いだけの院卒は要りません」とそっぽを向いてしまったのではないでしょうか。

積極的にチャンスを求める海外の大学院生

話はやや横道に逸《そ》れますが、大学院のあり方を考えてもらう一助として、あるとき私の研究室に押しかけて来たフランス人女性の話をしましょう。リヨン大学でバイオミミクリーの研究をしている博士課程の大学院生です。

バイオミミクリーとは、日本語では「生物模倣」。自然界の仕組みから学んだことを技術開発に活かすことをそう呼びます。たとえば、新幹線（５００系）のパンタグラフは、フクロウの羽の形状を模倣することで空気抵抗を減らし、騒音問題を解決しました。もっと身近なところでは、マジックテープ。あれは、ゴボウの実（別名・くっつき虫）が衣服などにくっつく仕組みをヒントにして開発されたものです。

　その研究をしている彼女が私に連絡をしてきたのは、「フラクタルに興味があるからそちらに行って話を聞きたい」とのことでした。フラクタルのことを調べているうちに、私が開発した「フラクタル日《ひ》除《よ》け」のことを知ったのでしょう。学生たちとヒートアイランド現象について調べているうちに、ひょんな流れから誕生した日除けです。

　簡単にいうと、フラクタルとは、図形の部分と全体が自己相似形になっていること。シダの葉やリアス海岸の海岸線など、自然界にはフラクタルがしばしば現れます。フラクタル日除けは、シェルピンスキー四面体というフラクタル図形を応用した隙間の多い天井にしたことで、かすかに木漏れ日がさすような感じの快適な日除けになりました。詳しくは、拙著『都市を冷やすフラクタル日除け』（成山堂書店）をお読みください。

　自然界の仕組みとも深く関係するので、バイオミミクリーを研究する大学院生がフラクタルに興味を持つのはわからなくはありません。しかし留学生として京大の大学院に来るわけでもなく、「とにかく行って話を聞きたい」といわれても、いささか困惑します。だから最初はメールの返信もせずに放置していました。

大学教員のところには、そんな海外からのメールが頻繁に届くので、いちいち相手にはしていられません。とくに近年は、中国から多くの問い合わせがあります。きっとあちこちに同じ文面のメールを出しているんだろうな、と明らかにわかる内容のものが大半なので、ほとんど返信はしません。ただ、「何とかしてステップアップのチャンスをつかみたい」という熱意は強く感じます。そのあたりにも、いまの中国の野蛮な研究意欲が表れているといえるでしょう。

フランスの彼女の積極性も相当なものでした。こちらが相手にしなくても、次々としつこく「行ってもいいか」というメールが来ます。何度も迫られると、放ってもおけません。仕方なく「来たいなら来てもいいけど、せいぜい机を貸すことぐらいしかできませんよ」と伝えたところ、それでもかまわない、といって本当に来てしまいました。

欧州の大学院では給料が出る

ちなみに、日本に来る前に彼女が滞在していたのは母国フランスではなく、ジンバブエ。

現地の専門家といっしょに、蟻塚《ありづか》の研究をしていたそうです。そこから日本にやって来て、滞在中の宿も自分で確保しているのですから、渡航費なども含めてかなりお金がかかるはず。ひとりで世界を飛び回って研究のフィールドを広げる行動力も日本の大学院生にはあまり見られないものではありますが、たとえ同じようなことをしたいと思っても、日本では経済的に難しいでしょう。

　彼女にそれが可能なのは、まず、企業と契約していること。どのような契約かは詳しくわかりませんが、研究内容のレポートを書くことでなにがしかの報酬を得ているようでした。日本の大学院生にはなかなか真似できない点です。

　しかし、もっと根本的な日本との違いは、ヨーロッパでは大学院の学費がタダということ。学費がかからないどころか、給料までもらえるのがヨーロッパの大学院生です。ビックリする日本人が多いでしょうが、向こうではそれが当たり前なのです。

　日本の場合、若い人が大学院にまで進んで勉強するのは、「本人のために好きでやっていること」だと認識している人が多いのではないでしょうか。だから、そのためのコストは本人が負担するのが当然だと考える。税金から給料を払うなどということになったら、「なんでそんなものを国民が負担しなきゃいけないんだ！」と怒る人もいるはずです。

それに対してヨーロッパでは、大学院生がそれぞれの専門分野で勉強や研究をするのは「社会のため」だと考えます。若い人たちがさまざまな研究に取り組めば、その成果はいずれ何らかの形で社会に還元される。研究の成果が役に立つだけでなく、本格的な研究を経験すれば社会の役に立つ人材にもなるはずだから、その活動を社会全体で経済的に支えるのは当たり前、というわけです。

結局、彼女は3カ月ほど京都に滞在しました。その間に、彼女が自分の待遇について不満を感じたことが1つだけあります。調べものをするために京大の図書館へ行ったところ、学生証を持たない彼女は中に入れてもらえませんでした。日本の常識に照らせば、誰もがそれはやむを得ないと感じるでしょう。学費という「使用料」を払っていない人間が自由に大学の図書館を利用するのはおかしい、というわけです。しかし大学院生のステータスが高い国の常識からすると、社会のために研究をしている人間が大学の図書館への出入りを断られるのはおかしな話。このあたりにも、学術研究や研究者に対する社会的な意識の差が表れていると思います。

東芝に「ドクター採用枠」を用意させた教え子

ともあれ、日本の企業は専門性を持つ大学院生に冷たいので、教員としては、そういう現実を学生にも伝えなければいけません。とくに私が所属する人間・環境学研究科は、どこの大学にもあるオーソドックスな分野の大学院ではないこともあって、プロの研究者として生きていくのも、企業への就職も、かなり難しい。そのため人間・環境学研究科が設立された当初は、大学院入試の面接で、必ずこんな話をしていました。

「あなたは、研究がやりたいの？　それとも、研究者になりたいの？　もし研究がやりたいのなら、時間に余裕のある楽な会社に勤めて、趣味でやったほうがいいよ。もし研究者になりたいなら、うちみたいな大学院では厳しい。ちゃんと理学部研究科に入って、そこの学位を取らないと生きていけないぞ」

自分の教える研究科を悪くいいたくはありませんが、それが世の中の現実です。新しくできたばかりの大学院、それも何が専門なのかわかりにくいところで学位を取っても、「それは何をするところなの？」と怪訝な顔をされるばかりで、そう簡単にポストなど得られません。

しかし、とにかく研究するのが楽しくて、それを続けたいなら、必ずしも職業にしなくてもいいはずです。実際、たとえば天文学者の中には、「大学に残ると星を見ている暇がなくなる」と在野で研究を続ける人が少なくありません。実際、大学の研究者は、授業をたくさん担当させられたり、学内の雑務も多かったりで、好きな研究だけに打ち込むのが難しいケースもあるでしょう。時間の融通が利く仕事で食い扶《ぶ》持《ち》を得ながら、好きな研究を趣味としてやっていけるなら、それはそれで充実した人生を送れます。

逆にいえば、研究は趣味としてやっていけるぐらい面白い。大学院まで進んで勉強すると、そういう手応えも得られるのです。その意味では、大学院重点化政策を「生涯学習」の一環として位置づけた文科省の考え方にも一理あったのかもしれません。

総合人間学部１期生の中には、院試の面接で私に「研究がやりたいなら趣味でやれ」といわれて、「じゃあ、おれ、たこ焼き屋やります」と答えた学生もいました。例の小麦粉実験に参加した学生です。彼はこの実験で大学院の修士論文を書きました。実際にはたこ焼き屋ではなく高校の先生になっていますが、当時はこういう「野蛮」な感覚を持ち合わせた学生も多く、私がいいたいことは、くどくど説明しなくても伝わっていたように思います。

面接で厳しいことをいわれながらも、逞しく研究者として生きている教え子もいます。こちらは、赤熱観測のときに望遠鏡を担いで悲壮な顔で阿蘇山に登っていった男。彼は人間・

環境学研究科で博士号を取得した後、一般企業への就職を希望して、いくつもの会社にエントリーシートを提出しました。でも、どこもその段階で門前払い。そもそもドクターの採用枠が用意されていないので、話になりません。

業を煮やした彼は、就活も終盤を迎えたころ、ついにぶち切れました。やはり門前払いを食らった東芝に「御社にはどうしてドクターの採用枠がないんですか！」と怒りのメールを送りつけたのです。すると相手は、その勢いに気《け》圧《お》されたのか、新たにドクター枠を用意しました。彼はまんまとその枠に収まって就職したのですから、どうしても受け入れてほしければ、何でもやってみるものです。フランスの彼女の意欲や行動力も相当なものでしたが、日本の彼もなかなか見上げたものでした。

ちなみに、彼のキャリアはその後も大きく変転します。東芝では、アップルのｉＰｏｄに対抗するような携帯オーディオプレーヤーを開発しようとしたのですが、ちょうど東芝やＮＥＣが手がけていたＨＤ ＤＶＤが、新規格競争でソニーやパナソニックなどのブルーレイディスクに敗れてしまい、会社のオーディオ部門そのものがお取り潰しになってしまいました。そのあおりで事務職に異動させられそうになったので、東芝を辞めてデンソーに転職。そちらでは、会社の事業とはほとんど関係ない研究ばかり手がける不良社員をやっていたようです。

しかしその後、どういう経緯かわかりませんが、こんどは大学のポストを得ました。まずは助教として岡山大学に就職。東北大学の准教授を経て、現在は再び岡山大学に戻って准教授になっています。企業と大学の両方を渡り歩き、手がけるテーマもさまざまではありますが、やっていることは一貫して研究。その楽しさを味わえるなら、場所はどこでもいいのかもしれません。

責任を負わせると「置きにいく」研究しかできない

ただし実際には、彼のような野蛮人タイプが大学のポストを得て研究者として生き残るのは、レアケースといわざるを得ません。どんなに優秀でも、不器用な人間はどこかで落ちこぼれてしまうのが実情です。コミュニケーション能力が高く、周囲から期待されるニーズに合わせることのできる器用な人間のほうがうまく世渡りしていくのは、大学も一般社会と同じこと。会社にいながら確信犯的に役に立たない研究を続けるような「不良」が生き残る道は、きわめて狭いのです。

もちろん、社会的なニーズがあるのなら、それに応えられる研究者はいなければなりません。というより、それが多数派になって然るべきでしょう。たとえば、いまなら「ＳＤＧs」（Sustainable Development Goals＝持続可能な開発目標）という世界規模の大きなニーズがあります。その目標を達成するうえで、大学が大きな役割を果たすべきなのは、いうまでもありません。

　そういう研究は、まさに「真面目な目的に向けた努力」です。目的を達成することを奨励する世の中で、これほど受け入れられやすいものはない。だからお金も集まりやすく、研究者として生き残りやすいといえます。でも、大学の研究がそれだけでいいとは思えません。明確なニーズや目的がある研究だけでは、予測不能な未来に対応できるような新しいものを生み出すことができないからです。

　ニーズに応えることばかり考えていると、自分自身の中から本能的に現れる「何これ面白い」という声に耳を傾けることができません。周囲の人々や世間が何を求めているかを忖度《そんたく》して「いまはこれならやらせてもらえる」と考えるようになります。与えられた課題に取り組むばかりで、未開の荒野に踏み込んでいくような野蛮な研究はできません。選択と集中ならぬ、「忖度と集中」のような状況になってしまいます。

　先ほど「世渡り」という言葉を使ったので、世間のニーズに応えるつまらない人間であるかのような印象を与えてしまったかもしれません。もちろん、そこには同情すべき側面もあります。いまは「選択と集中」のような形で、なるべく効率よく目的を達成することが求められる時代。選ばれて資金を集中的に投じられた研究者には、研究を成功に導く責任が生じます。その責任が重ければ重いほど、研究者は萎縮して無難な道を選びたがる。本当は野蛮な道に進みたくても、失敗したときのリスクを考えると、野球の投手が無難なコースにボールを「置きにいく」ような研究しかできません。つまり、本来は自分の本能で動く野蛮なタイプの研究者でも、いまは世を渡っていくためにそれを封印せざるを得なくなっているのです。

　しかし、研究とは本質的に野蛮なものであり、その野蛮さは無責任なところからしか生まれません。そして、研究とはそもそも経済的に大きなリスクを伴います。だからこそ、広く多くの人から集める税金を投入する意義があるわけで、確実にリターンがあるなら民間がすべてやってしまうはずです。

　大学院重点化政策にしろ、「選択と集中」をはじめとする科学技術政策にしろ、これまでの大学改革は、大学側も企業側もそういう研究の本質を理解していなかったことがいちばんの問題です。「野蛮な大学」の存在意義を理解しないまま、上っ面の制度だけをあれこれいじったために、さまざまな齟齬《そご》が生じてしまったのです。

大学を出入り自由の「動物園」に

「失敗をこわがる人は科学者にはなれない」

第3章で紹介した寺田寅彦の言葉です。責任の重さに耐えきれずに「置きにいく」研究しかできないようでは、科学者とはいえないでしょう。

では、なぜ科学者は失敗を覚悟で研究ができるかといえば、結果が成功であれ失敗であれ、そこにいたるまでの野蛮なプロセスが楽しいからです。最後は論文という形で何らかの結果を出さなければいけませんが、そこまでの試行錯誤を楽しめなければ、研究に取り組む甲斐がありません。

そして大学は本来、その楽しさを学生たちに味わってもらう場所です。それが大学の持つ最大の価値だといってもいいでしょう。誰もが卒業後に専門家になるわけではありませんが、興味のおもむくままに多様な教養を身につけ、無責任に野蛮な研究をすることを通じて、問題を解決するための生き方を知ることができる。それは、多くの発見に満ちた豊かな経験です。

豊かになるのは、学生たちの人生だけではありません。研究の楽しさを経験して卒業した学生たちは、それぞれの場で社会を豊かにする仕事をするでしょう。未開の荒野を切り開く研究のノウハウは、それ自体が「汎用性の高いガラクタ」のようなもの。仕事で与えられる目的が何であれ、それを身につけた人間もまた高い汎用性があるはずです。

そういう「野蛮な大学」の存在意義を社会が広く共有することができれば、そのあり方をめぐる分断もなくなるのではないでしょうか。99の失敗から1つの大きな成功が生まれる野蛮な場所である以上、大学に効率的な生産性を求めるのはもうやめなければなりません。大学側も、責任をもって成功を約束できるかのような態度はもうやめる。そのうえで、企業がやれなくなった人材育成や研究開発をどのように大学でやっていくのか。「大学は野蛮な場所である」という大前提の下に、その社会的な位置づけを根本的に考え直さなければいけません。

そこで思い出してみたいのは、「生涯学習」というキーワードです。大学院重点化政策で掲げられたもので、そのときは空念仏《からねんぶつ》で終わってしまいました。しかし私は、大学院だけでなく、大学そのものをある種の生涯学習の場とすることで、新しい価値を生み出せるのではないかと考えています。

とはいえ、社会人の再入学を増やすという話ではありません。毎日の仕事をしながら大学に通うのは容易ではありませんし、いったん会社を辞めて大学で学び直すことのできる人もそんなに多くはないでしょう。私が考えているのは、大学をもっと多くの人に開放し、いつでも出入り自由の「動物園」のような場にすることです。

福利厚生の一環として社員を大学に

前章で、いつか役に立つかもしれない「脂肪」として教養を蓄えられるのは大学時代だけだという話をしました。社会に出て日々の仕事に追われるようになると、いますぐ必要な「筋肉」としての知識を身につけるのに精一杯になってしまうからです。

しかし、脂肪を蓄える余裕のある学生時代は（余裕があるからこそ）遊ぶのに忙しくなり、教養の大切さになかなか気づきません。気づくのは、就職して何年か経ってからでしょう。仕事を通してさまざまな問題にぶつかると、それを乗り越えるために、雑多な知識や技術——いざというとき頼りになる「汎用性の高いガラクタ」が必要であることがわかります。だから多くの元大学生が、あるとき自分の教養のなさを嘆き、「大学時代にもっと勉強しておけばよかった」と後悔する。でも、過ぎ去った青春の日々は戻ってきません。いくら悔やんでも「後の祭り」です。

そんな思いを抱えている人がたくさんいるならば、大学が「アフターケア」をすればよいのではないでしょうか。「もっと勉強しておけばよかった」という社会人を受け入れて、好きなときに好きなことを学んでもらうのです。そのために「社会人特別講座」のようなものを設ける必要はありません。それぞれの企業と提携して、社員が教室や研究室などに出入りできる仕組みをつくるのです。

ただしその場合、「会社の研究開発に役立つ知識を仕入れてこい」といった具体的な目的を決めてはいけません。基本的に、そこで身につけるのは「筋肉」ではなく「脂肪」ですから、「真面目な目的」は不要どころか邪魔になる。仕事上の役割に直結したミッションを与えて大学に送り込むのではなく、福利厚生の一環として、会社の保養施設を利用するように大学を利用するのです。

利用方法は、さまざまなスタイルがあっていいでしょう。週に１度、決まった講義に顔を出すのもよし。１週間から10日間ほどの休暇を取って、いろいろな講義や実験などに参加してみるのもよし。そうやって会社と大学を行ったり来たりできれば、「汎用性の高いガラクタ」のような知識を得られるのに加えて、気持ちのリフレッシュにもなるでしょう。具体的な成果のためではなく、社員の頭と心を癒し、ベーシックなポテンシャルを高めるために、会社はそこに投資するのです。たとえば「うちの会社は、週に一度、京大の授業が受けられるんですよ」などとアピールすれば、魅力を感じて入社を希望する就活生も多いのではないでしょうか。

「野蛮な大学」の使い途

大学に出入りする人たちが身につけるのは、教養だけではありません。動物園と同様、そこには外の世界にはない野性の臭いが漂っています。オンラインでもやれるような授業だけではなかなか実感できないかもしれませんが、第2章で紹介したような実験などに参加すれば、野蛮な研究の面白さに触れることができるでしょう。失敗をおそれるどころか、むしろそれを楽しみながら、無責任に荒野を歩き回るのは、いつも重い責任を背負って働いている社会人にとっては新鮮な体験です。新しいものを生み出すにはアホらしいほどの自由が必要であることも、実感できるはず。そういう野蛮な文化を多くの社員が持ち帰れば、企業の事業にも良い刺激を与えることになるだろうと思います。

国立大学が独立行政法人化されて以降、国からの運営費交付金を削減されて資金獲得に苦労している大学にとっても、これは悪い話ではありません。「選択と集中」による競争的資金を手にするには、目的が明確で、成功の見込みも高い研究テーマに取り組む必要があります。それでは、本来の野蛮さを隠して、「みなさんのニーズにいつでも応えられますよ」とばかりに、相変わらず頭のいい権威として振る舞わざるを得ないでしょう。誰も想像しなかったような、強いインパクトのあるイノベーションを起こすだけのポテンシャルは、大学からどんどん失われていきます。

　大学が野蛮さを取り戻し、新しい研究のフィールドを次々に開拓していくには、特定の研究への集中的な投資ではなく、あらゆる研究分野に薄く広く資金を分配してもらわなければいけません。その点、「大学動物園」はあくまでも福利厚生の一環ですから、企業からいただくお金は大学全体の収入。多くの企業と提携して積極的に社会人を受け入れれば、財務状況の改善につながるだけでなく、研究全体が活性化します。

　もちろん、いま大学が抱えているさまざまな問題が、この「動物園化」計画だけで解決するわけではありません。しかし、大学が社会の中で果たすべき役割を社会全体であらためて考え直すうえで、大きなヒントを与えることはできるでしょう。大学が、社会にとっても、学生にとっても、研究者にとっても価値ある存在であるためには、そこで行われている研究の何たるかを広く、深く、理解してもらう必要があるからです。「野蛮な大学」の持つ大きなポテンシャルを社会全体で認めることからしか、日本の学術の立て直しは始まりません。

　私のアイデア以外にも、「野蛮な大学」の使い途はいろいろあるでしょう。明治時代に大学制度を作り上げて以降、日本は学術の分野で多くの成果を挙げるだけでなく、知性的な社会を育んできました。しかし近年は学術への信頼が揺らぎ、その反動なのか反知性主義的な言説も目立ちます。学術研究のさらなる発展のためだけではなく、知性に満ちた豊かな社会を維持するためにも、真に有効な大学改革を行わなければならないのです。

あとがき

大学は自分の考えで行動するところ、または、そのように行動できるように修業をするところである——こうした主張にあまり異論は出ないだろうと思います。しかし、「自分の考えで行動する」とはどういうことか、と思考を先に進めてみると、おそらく議論百出することになるでしょう。自分の考えで行動することを裏返せば、人の話を聞かないということです。と書くとずいぶん「野蛮」なようですが、先人の話をちゃんと聞いたとして、その先人が間違っている可能性を、私たちは常に考えておく必要があるのです。

多くの人は、世の中には「正しい」ことがあって、大学はその正しさに一番近い場所、または、そこを目指す組織であると思っているのではないでしょうか。つまり、人類の英知を結集した理性の殿堂であるべきところだと。もちろん、大学の中の人間が最終的には、ある種の「正しさ」を求めて日夜研究していることは間違いありません。しかし、その「研究」のプロセスは、先人を疑うことから始まり、自分自身の常識的かつ理性的な思考回路のスイッチを切るという野蛮な行為がふつうに行われます。そして、それこそが研究の本質であると私は思っています。

理性のスイッチを切ったとき、頼りになるのは野性の勘です。もちろん、勘だけに頼っていたら、命がいくつあっても足りません。野生生物の世界では、生まれてから本来の寿命を全うできる個体はごくわずかです。そうならないように、１つの理性のスイッチを切っても、他の理性を使って致命的結果を避けることは「人間として」最低限必要です。

ただ、地球誕生後、地球上の生命は30億年以上にわたって、滅びることなく命を繋いできました。その営みは極めて非効率的ではありますが、何が起こるかわからないカオスな世界を生き延びる極めて強力な持続性を持っています。われわれ人間もその生物の１つで、本能的に生物としての野性を持っているはずです。そして、この本能に加えて理性を持ったことで、人間は他の生物に対して圧倒的に有利な存在になりました。

一方、理性だけでは、何が起こるかわからないカオスな世界を生き延びることはできません。それができるのであれば、コンピュータが人類の未来をすべて指し示すことになるのかもしれません。理性と野性という、相矛盾する力の折り合いをつけて新しい世界を開拓していくことは、人間にしかできない営みであり、その枠がいわゆる研究です。そして、大学はそのような活動をするための重要な場所だと私は思います。

人間社会がまだ野生生物の世界に近かった時代には、大学が理性を広めることで、社会をより効率的で安全なものに進化させてきました。そして、その理性を広める過程で「権威」が大きな役割を果たしていたことは間違いありません。また、「権威」を守るためには、研究過程における野蛮で野性的なプロセスは、あまり公表したくなかった側面もあったことでしょう。

ところが、一般社会に理性が浸透してきた現在、このような権威主義的発想は、大学における野蛮なプロセスを含む研究活動を大きく制限してしまっているように思います。すなわち、自ら広めた「正義」によって、自分自身が規制され、本来の研究活動に支障をきたしているように見えるのです。

そもそも、大学にかぎらず、人間社会は理性だけでも野性だけでも成り立ちません。いろいろ工夫をして新しいものや方法を生み出そうとするとき、真面目な理性だけではうまくいかないということは、社会のあらゆるところで多くの人が経験しているはずです。つまり、理性と野性の折り合いをつけなければならないのは、大学の研究だけではないのです。

昨今、理性が暴走して原理主義的な正義を振りかざす人々が増えてきました。これは、ある意味大学が理性を世の中に広めた結果かもしれません。しかし、この世に絶対的な正義が存在して、それを守っていればすべての人が幸せになれるのであれば、そんなに簡単なことはありません。というより、そんな社会であれば、コンピュータが最も効率的に管理できる社会ということになります。

人間は生物なのです。生物は、正義をどんどん変えていく野性を持っているからこそ、30億年以上も生き延びてきているのです。いまの社会に必要なのは、かたくなな理性ではなく、本能的な野性であると思います。理性が世の中に浸透した現在、今度は、その行き過ぎを正す役割が大学に求められているのだと思います。そのために、大学を社会が野性を取り戻すために必要な社会インフラとして使うべきだと思うのです。

酒井敏

2021年8月

酒井敏（さかいさとし）

1957年、静岡県生まれ。京都大学大学院人間・環境学研究科教授。2021年4月からは静岡県立大学副学長を兼任。1980年、京都大学理学部を卒業。1981年、同大学院理学研究科修士課程中退後に助手として採用され、以来同大学一筋に40年在籍。専門は地球流体力学。現在、京都大学随一の古株として大学の未来に危機感を抱き「京大変人講座」を開講するも、自身は変人でありつつちゃんとした常識人。著書に、『京大的アホがなぜ必要か　カオスな世界の生存戦略』（集英社新書）、『都市を冷やすフラクタル日除け』（成山堂書店）。共著に、『京大変人講座』『もっと！　京大変人講座』（ともに三笠書房）。

野蛮《やばん》な大学論《だいがくろん》

2021年10月30日初版1刷発行

著　者 —— 酒井敏
発行者 —— 田邉浩司
装　幀 —— アラン・チャン
印刷所 —— 萩原印刷
製本所 —— ナショナル製本
発行所 —— 株式会社光文社
東京都文京区音羽1-16-6(〒112-8011)
https://www.kobunsha.com/
電　話 —— 編集部03(5395)8289　書籍販売部03(5395)8116
業務部03(5395)8125
メール —— sinsyo@kobunsha.com

ISBN 978-4-334-04569-2

1160
大下流国家
「オワコン日本」の現在地
三浦展

経済力の低下、人口縮小、ジェンダー格差、メディアの怠慢……この国はどこまで堕ちてゆくのか？　80万部超のヒット作『下流社会』から16年、最新データを基に再び日本を斬る。

978-4-334-04567-8

1161
名画の生まれるとき
美術の力Ⅱ
宮下規久朗

人間にとって必要不可欠な「美術の力」とは？「名画の中の名画」から「美術鑑賞と美術館」「描かれたモチーフ」「信仰と政治」「死と鎮魂」まで。美術史家と読む、美術の本質に迫る55話。

978-4-334-04568-5

1162
野蛮な大学論
酒井敏

大学人よ、学問の本道に戻って野蛮さを取り戻せ！「京大変人講座」主宰の京大名物教授が、大学、アカデミズム、教養の本質をズバリ指摘する。豊かな社会のための大学改革論。

978-4-334-04569-2

1163
「問い」から始まる哲学入門
景山洋平

2600年にわたる哲学者の語りあい。そこでは何が問われたのか。なぜ「問い」続けてきたのか――。「問い」の歴史とその意味を知る、不確かな世界を生き抜くための哲学入門。

978-4-334-04570-8

1164
物理学者、SF映画にハマる
「時間」と「宇宙」を巡る考察
高水裕一

フィクションが未来の科学を導く!?　タイムトラベルから星間飛行まで、物理学者とともに探る一度は夢見たSF世界の可能性。科学の目で見直せば、SF映画はもっと楽しくなる！

978-4-334-04571-5